本书为中国博士后科学基金第72批面上资助项目（编号：2022M722036）成果。

走出内闱
报刊与晚清上海妇女解放
1840—1911

周怡靓◎著

复旦大学出版社

序一

晚清上海、新式报刊、妇女解放,其中任何一个话题都有言说不尽的空间和价值。周怡靓博士的著作《走出内闱:报刊与晚清上海妇女解放(1840—1911)》,则是对这三个话题的叠加考察,其所产生的学术"聚合反应",自在非同一般的期待之中了。

关于近代中国的妇女解放,不少学者通常将其视为清末民初"启蒙运动"的一部分:长期处于"幽闭"状态、愚昧无知的中国传统女性,在少数先知先觉、知识精英的启蒙下,接受了新知,摆脱了蒙昧,走出了家庭,身体与精神的解放也就顺理成章,水到渠成。将妇女解放归功于少数先知先觉的思想启蒙与知识传布,在这样的研究理路下,不少成果呈现为晚清民初精英知识分子的传记式叙述。然而,正如本书作者所言,在启蒙与妇女解放之间,即"新知如何抵达公众",还存在着逻辑跳跃;具有公共属性的近代报刊,正是贯通这一逻辑跳跃的主要媒介:"在晚清,一个对妇女开放的公共领域,实际上是在表达、叙述、讨论妇女问题的过程中被建构出来的。而在晚清社会,这个表达、叙述、讨论妇女问题的重要场域就是报刊。"

实际上,不论是文化史、政治史,还是生活史、社会性别史,各种不同视角的近代中国女性研究都将近代报刊作为重要的研究对象或资料来源,新闻传播史视角的研究更是如此,并且尤其注重研究"与妇女问题相关的报刊"和"妇女报刊"。不管出于何种角度,研究者多将报刊视为一种"透明"的媒介,即"思想的载体或管道",从媒介工具论的维度阐释报刊在妇女解放运动中的思想传播和社会动员功效。在这些研究者看来,报刊最突出的功用,就是将启蒙的声音以一种比传统书籍更高效的方式传达给更广泛的大众。至于报刊本身,其作为晚清社会中一种前所未见的新媒介,它的形态、信息方式及所勾连的新的交往关系,往往为研究者所忽视。

本书的作者认为,报刊作为晚清社会的主导媒介,以前所未有的方式深刻地嵌入了国人的社会关系和日常实践;如果像传统的报刊史研究者那样,仅把报刊视作"信息载体和观念容器",是无法揭示报刊所承载的信息、观念对社会变革(包括妇女解放)的影响的。因此,应重视媒介技术本身对于社会现实的建构和形塑,将报刊视为社会变革的一种动力要素来考察。有鉴于此,本书从新媒介、传播技术的视角出发,深入考察了报刊与晚清女性生存境况、妇女解放整体进程乃至整个晚清社会转型的关系。可以说,超越"报刊史"和"工具论",从"媒介史"的视角重新书写晚清妇女解放的历史,是本书的主要创新之处。这一研究视角的转换,打开了观察晚清妇女解放的"另一扇窗"。至于它是否更清晰地窥见晚清妇女解放的"内幕",那就只能请读者诸君评判了。

本书讨论的是不折不扣的本土问题,但作者援引了不同地域、不同学科的学者的理论进行观照。例如,作者在讨论晚清"女界"的初现时,就参照了美国学者本尼迪克特·安德森的"想象的共同体"理论。本书的主要观点为:报刊是晚清妇女解放的"动力机制",因为报刊作为当时的一种"新媒介",不仅反映现实,同时也建构现实。这是来自德国学者西皮尔·克莱默尔的媒介"装置的技术"理论:"工具和机器是我们用来提升劳动效率的器具,而技术的媒介却是一种我们用来生产人工世界的装置。它开启了我们新的经验和实践的方式,而没有这个装置这个世界对我们来说是不可通达的。"阅读本书,不但没有理论的艰深违和之感,还能默会这些理论对中国问题的阐释力。理论与研究问题的融会贯通,我认为这是本书的一大优点。怡靓之所以能够如此,应该得力于在复旦大学新闻学院读博期间对世界传播学经典的矻矻用功。

本书虽然跳出传统的"报刊史"而走向"媒介史",但仍属于史学研究的范畴,丰富的晚清报刊内容肯定是重要的史料来源和分析对象。史学研究尤以报刊内容为史料来源的研究,容易流于琐碎堆砌,见"森林"而不见"树木"。不过,本书似乎没有这样的问题,我在阅读过程中常常被作者的高见中断,引发思考和回味。例如,她指出,与其说中国妇女解放始于晚清,不如说始于现代报刊的崛起;中国妇女解放的参照系是"中西之别",西方妇女解放的参照系则是"男女有别"。类似这样的"吉光片羽",我在阅读时总能不期而遇,确实让人耳目一新。当然,这些论断是基于坚实的史料支撑和严密的逻辑分析,绝非信口雌黄,大言欺人。

怡靓硕士、博士均就读于复旦大学新闻学院,我都是她的指导教师。她的博士论文经过数年的沉淀和修改、完善,现在可以正式出版了,作为导师,我当然有推介、揄扬之责。相信怡靓能够保持学术研究的热心、恒心、平常心,不断有高质量的研究成果问世。

陈建云

复旦大学新闻学院副院长,教授、博导

2024年8月于沪上放心室

序 二

周怡靓博士是我2021年招收的博士后,她博士毕业于复旦大学新闻学院,师从我的师弟陈建云教授,从事中国新闻史的相关研究。在她博士论文答辩时,我曾作为答辩主席认真阅读了她的论文,并与其他专家一起给出了很高的评价。这本书,正是在她博士论文的基础上经过多次修改、完善而最终成稿的。也可以说,我对怡靓的最初印象,在很大程度上就是来自这本书。

在新闻传播学学科中,新闻史研究可能是最"吃力不讨好"的研究领域。一方面,从戈公振的《中国报学史》算起,我国的新闻史研究已有近百年的历史,更不用说之前还有王韬、梁启超等学者的研究。因此,无论是史料挖掘,还是史实分析,都已经达到"前人之述备矣"的程度,要挖到新材料、形成新观点,势必难上加难。也因此,如今专门从事新闻史研究的青年学人也在逐渐变少。

另一方面,史学研究需要长期的积累沉淀,要做很多枯燥的史料整理和分析工作,"板凳甘坐十年冷",才有可能找到一个值得研究的议题,才有可能在深厚的中国新闻史研究领域做出"毫厘之创新"。因此,新闻史论文的写作速度完全无法与当下新潮的研究方向竞争,投稿也分外困难,在当前日益严苛的高校考核制度体系下,这对从事新闻史研究的青年学者来说,是"不聪明"的选择。

但是,学术研究的本质一定是去功利化的,是坚持长期主义的。新闻史学术研究的价值并不会被当下的现实困难影响半分,其仍然是彰显我国新闻学学科自主地位的基础性研究领域。我国新闻传播学科唯一的全国性学术社团,正是"中国新闻史学会"。方汉奇教授、赵玉明教授、程曼丽教授、陈昌凤教授任名誉会长,王润泽教授为现任会长,怡靓的博导陈建云教授则是副会长之一。在这些新闻史学者的努力推动下,新闻史研究才能有如今的成熟体系和丰厚成果。

像怡靓这样的青年新闻史学者,能够在当前快节奏的学术生产中静下心来,将新的理论视角引入传统报刊史的研究,不仅对自己是一种心灵的修炼,也为这一学科贡献了青年学人的智慧和活力。我认为,本书就是上述背景下的产物,代表着青年新闻史学者对史学研究的坚守,凝结着学术新人对于"老问题"的"新思考"。

在中国近代史的研究中,"妇女解放"是非常重要的议题,有汗牛充栋般的前期研究,其中不乏一些大师之作。本书从"报刊"的入射角切进这一宏大议题,从"启蒙"这一概念出发,结合康德"公开运用自己的理性"的论断,独辟蹊径地提出了有关"启蒙"和"解放"的研究新思路。本书认为,康德定义的"公开"指向"公众""公共言说"等概念,由此,"启蒙"可被理解为通过在公共领域的公共言说行为而达成。在这里,公共领域、公众、公共言说都是不可或缺的条件。也因此,妇女解放在实践的层面上要求一个对女性开放的公共领域。于是,本书的核心问题呼之欲出:在晚清社会,一个对女性开放的公共领域是如何可能的?

我认为,一项好的研究,最重要的是有一个好的研究问题。本书提出的上述核心问题,让这本书的创新价值浮出水面。同时,本书研究问题的生成过程也经过了缜密的理论推导,体现了作者在哲学社会科学理论学习方面的扎实功底,当属于"新报刊史"的范式。在具体的研究内容方面,本书展示了女性从"现身"到"出走"的前奏,再到"何以立身"和"女界"的初现,作者用细腻的笔触和丰富多样的史料生动地向读者论述了报刊这一晚清时期的"新媒介"是如何让上海妇女解放成为可能的。相信对于史学研究者、学习者甚至大众而言,这本书都有重要的参考价值。

在博士后阶段,怡靓除了坚持她所倾心的新闻史研究之外,还跟随我进行了新研究领域的探索,在智能传播、社区治理等方面参与了我主持的课题项目,也与我合作发表了一些学术论文。虽然听起来从新闻史到智能传播领域跨越巨大,但我认为,学术研究的本质和要求的品格其实是一样的,都需要研究者遵循同样的学术规范,具有强烈的学术好奇心和超乎常人的不懈努力。

作为怡靓的老师,我从本书中看到了这些本质和品格。希望在未来的学术生涯中,怡靓可以继续坚持本心,持之以恒,做出更好的研究成果。

是为序。

严三九

上海大学新闻与传播学院院长,教授、博导

目 录

>> 导言 / 1

　　一、"启蒙"何以抵达妇女解放 / 2
　　二、对女性开放的公共领域何以可能 / 7
　　三、报刊与晚清女性的公共实践 / 9
　　四、报刊中介下的晚清妇女解放 / 19

>> 第一章　研究缘起：新视野与新问题 / 21

　　一、不同学术视角下的报刊与晚清妇女解放 / 21
　　二、报刊之于晚清妇女解放的意义 / 30
　　三、研究问题 / 38
　　四、概念、方法与史料 / 40

>> 第二章　女性的现身：从不可言说到舆论中心 / 48

　　一、"阴阳"与"内外"：被藏匿的传统女性 / 48
　　二、中西之别：现代报刊与女性的现身 / 51
　　三、报为国口：国族建构与妇女解放 / 64

>> 第三章　出走的前奏：女性世界的拓展与传统礼教的松动 / 78

一、解放从出走开始 / 78
二、拓展女性世界：画报中的新时空 / 84
三、颠覆礼俗秩序：兜售新风尚 / 105
四、隳礼之教：画报的"低调启蒙" / 137

>> 第四章　何以立身：女性的社会角色与权利 / 142

一、晚清女性社会角色的多元化 / 142
二、新场景、新角色：女性角色的报刊建构 / 145
三、遮蔽与凸显：报刊视野与女性形象 / 183

>> 第五章　女界初现：晚清女性的公共书写与群体行动 / 196

一、作为行动集体的女界：晚清上海女性的关系网络与组织 / 196
二、作为关键词的"女界"：女性公共书写中的集体认同 / 210
三、报刊的接近权与女界的权力等级 / 218

>> 第六章　结语 / 223

>> 主要参考文献 / 236

>> 后记 / 255

导　言

伴随近代各国从传统社会向现代社会转轨,女性群体的解放和发展成为衡量一个社会文明程度的重要标尺之一,中国也不例外。

关于妇女解放运动的研究不在少数。其中,惯常的研究路径是从启蒙维度看待妇女解放运动。这类研究通常认为女权思想缘起于"泰西"(旧泛指西方国家),其背景是西方的坚船利炮冲开中国国门。精英知识分子借助各种文本,将女权思想播植于女界,妇女起而响应,戒缠足、兴女学。因此,中国妇女解放通常被视为清末民初以西学东渐为标志的中国启蒙运动的一部分。"启蒙"话语通常与"自觉"相联系,似乎启蒙的后一阶段就是自觉,即接受了新知也就摆脱了蒙昧,培植了理性就可实现解放。因此,在启蒙的理路中,妇女解放研究的一般叙述方式是将妇女解放之功归于少数思想者的先知先觉,随着观念的更新,妇女解放也就水到渠成。在这样的研究视野下,对妇女解放运动的呈现更接近于一些精英知识分子的传记式叙述。但在笔者看来,这种叙述方式在"启蒙"与"妇女解放"之间还存在逻辑跳跃。

一、"启蒙"何以抵达妇女解放

如果仔细审视以下两个关键话语,就可以发现这种叙述方式中存在的逻辑跳跃。

一个关键话语是"启蒙"。何谓启蒙?从康德到福柯,都对启蒙的意涵做过精要的论述,但晚清精英知识分子所说的启蒙显然是在汉语语境中的一种实践。按《辞源》的解释,汉朝应劭《风俗通义》中已有"去蔽启蒙"之言,晋人顾恺之著有《启蒙记》三卷,凡此,都是在开启蒙昧、教导初学的意义上使用"启蒙"一词。直到晚清,这一古老的义项仍然适用,例如书籍中有《西学启蒙十六种》的印行,报刊中有《启蒙画报》的名目。汉语语境中的启蒙,重点在于用以开蒙的知识体系或价值取向。因此,许多研究者聚焦于清末民初的中国时,通常是在西学东渐的语境下,将启蒙理解为梁启超所说的"新民",即国民常识的更新。新知被精英知识分子引进或生产,影响社会大众,这个过程通常被称为"启蒙"。在相关研究中,又最为重视观念本身,对于"新知如何抵达公众"则少有研究。

另一个关键话语是"解放"。该词也曾见于古汉语,有张镃《水龙吟》中的"解放微官系缚",刘翰《好事近》中的"东风吹尽去年愁,解放丁香结"等句。大致来说,"解放"在古汉语中是"解开、解除束缚"之意。19世纪末20世纪初,尤其是1910年后,西方自由主义思潮涌入,"解放"一词被用来翻译"liberation"。最早在这个意义上使用"解放"的是1907年创刊的妇女报《天义报》。直至1919年,"解放"的使用主要在有关妇女问题的论述中①。在这一时期,"解放"直接指向基于天赋权利观念的妇女自由。对晚清精英知识分子而言,妇女解放是以冲破传统伦常束缚和争取政治权利为手段而达致的自由。

有学者认为,晚清精英知识分子的启蒙搭上了康德的思想脉络,启蒙即"公开运用自己的理性的自由"②,自由内含于启蒙。这也是此前许多研究的内在逻辑。但实际上,这类研究讨论的启蒙并非康德意义上的启蒙。这类研究将启蒙等同于观念的生产和更新。笔者认为,如果仅仅在观念和思想层面讨论启蒙,就忽略了康德定义启蒙时的一个关键条件。

康德将启蒙定义为"公开运用自己的理性"③。在这个定义中,"公开"是关键概念,是实现启蒙的条件和具体路径。康德区分了"理性的公开运用"和"理性的私下运用":把"一个人在其所受任的一定公职岗位或者职务上所能运用的自己的理性"称为"私下的运用",而把"任何人作为学者在全部听众面前所能做的那种运用"看作"对自己理性的公开运用"。他认为,能够"公开运用理性"的人,其职业可以各异,但只要"是以一个学者资格通过写作面向严格意义上的公众,他是绝对可以争辩的"。这些人私下履行自己职责的同时,又能在职业以外的公

---

① 袁光锋."解放"与"翻身":政治话语的传播与观念的形成[J].新闻与传播研究,2013,20(5).
② 夏晓虹.晚清女子国民常识的建构[M].北京:北京大学出版社,2016:导言.
③ 康德.对这个问题的一个回答:什么是启蒙?//詹姆斯·施密特.启蒙运动与现代性[M].徐向东,卢华萍,译.上海:上海人民出版社,2005:61-67.

共场合进行辩论①。

康德定义的"公开"指向"公众""公共言说"等概念。由此,"启蒙"可以理解为通过在公共领域中的公共言说行为而达成。在这里,公共领域、公众、公共言说都是不可或缺的条件。许多研究仅仅在思想和观念的层面理解启蒙,强调智识的开化、常识的普及或观念的更新,并不涉及公众、公共言说、公共领域等条件。笔者认为,康德所指的公开及实现公开的条件,补全了上述研究中的启蒙与自由之间的逻辑裂缝,启蒙在概念和实践上与公共性是密切相关的。

妇女解放在自由的层面同样指向公共性。1903年,金天翮发表的《女界钟》可被视作较早由国人书写的女权宣言。著作开篇就表达了对西方女性能坦然行走于公共场合的欣赏,而彼时的中国女性"见人则惊而走,如婴儿然"②,显然还未能拥有这种自由。

在较为完整地叙述传统女性生存处境的文献中,康有为的《大同书》之戊部,可以看作约翰·斯图尔特·密尔(John Stuart Mill)的名篇《妇女的屈从地位》的汉语版。清末精英知识分子以西方天赋权利观念来启蒙中国妇女,中国旧式妇女从一开始就不是在"男女之别"而是在"中西之别"的维度上被解读的,中国士大夫对女性自由的想象直接来源于西方女性的生活状态,其最终诉求是使中国旧式妇女获得西方模板中的妇女自由,从而消除中西差距。

---

① 康德.对这个问题的一个回答:什么是启蒙?//詹姆斯·施密特.启蒙运动与现代性[M].徐向东,卢华萍,译.上海:上海人民出版社,2005:61-67.
② 金天翮.女界钟[M].上海:上海古籍出版社,2003:21.

英国女作家玛丽·沃斯通可拉夫特（Mary Wollstonecraft）于1792年发表的《女权辩护》标志着女权主义的兴起，到1869年约翰·斯图尔特·密尔发表《妇女的屈从地位》，半个多世纪的历程中，西方的女性平权运动不管是在理论层面还是在实践层面，都在考察自由与平等的抽象原则如何运用于社会生活，以此检视政治权力中的性别不平等，即女性在政治上的无权事实与国家理论的冲突①。

国家理论从一开始就面临着性别差异的问题。自古希腊始，国家（城邦）被视作公民的联合。按照亚里士多德对公民身份的定义，人需要从事务的世界（私人事务）中解放出来，全身心投入纯粹的公共领域，才有资格成为公民②。女性由于被家庭领域和私人事务束缚，被置于家庭中的父权权威之下，被排除在公民身份之外，而这种自然权威的天然正当性一直延续至封建主权国家。主权契约论为个人权利打开了理性的切口。依据理性原则，约翰·洛克（John Locke）在《政府论》中对"自然"和"政治"做了严格的切割。洛克反对政治领域中的自然权威论，但仅仅是将自然权威锁定在父亲对子女的统治之上。至于丈夫与妻子的关系，他依然引用《创世纪》中亚当与夏娃的形象，表明妻子应该从属于丈夫③。如果说生而自由的个体之间的立约属于公共事务，那么洛克理论中的女性依然被排除在公共（政治）领域之外，仅仅以私人领域中的婚

---

① 张念.性别政治与国家：论中国妇女解放[M].北京：商务印书馆，2014：11.
② 约翰·波考克.古典时期以降的公民理想//许纪霖.共和、社群与公民[M].吴冠军，译.南京：江苏人民出版社，2004：32—34.
③ 约翰·洛克.政府论：上[M].瞿菊农，叶启芳，译.商务印书馆，1982：68.

姻契约的形式出现。在国家理论的现代转型中,"父亲"的形象告退,民主的权利高涨,但女性在理论和实践中依然未能进入自由的领域。

按照亚里士多德对人的论断"人是政治的动物"①,女性应该是理论上的公民。主权契约中的自然人应该是不分男女的所有人。如果国家建立在共同人性的基础上,那么在国家创生的那一刻,男人与女人一起挣脱自然状态,免于自然强权的威胁。女人的政治资格在理论上是无可争议的。西方的妇女解放运动,类似国家理论的自我纠错,以此担保理论与实践的统一。妇女解放意味着公共(政治)领域向女性开放,并且在这个领域中,抹除性别界限,根据普遍的"人"的理念,女人与男人共同享有公民资格及随之而来的一切权利。

因此,在实践的层面,妇女解放要求一个对女性开放的公共领域。戒缠足,解放身体,兴女学,启发智识,还只是第一步。

由此看来,仅仅是观念和思想层面的启蒙还不足以直接抵达妇女解放。自由不仅仅是意识的觉醒,还包括行动的层面。在杜威看来,真实的经验存在于行动之中,经验不再是主观显现的观念的集合,而是一个行动的空间。更进一步,以赛亚·柏林(Isaiah Berlin)将自由定义为"行动的机会"②,而笔者认为,比意识觉醒更重要的是行动的可能性。因此,本书所讨论的解放,就是前现代社会的传统妇女得以从家庭伦理网络的固定位置中松绑,从而作为一个独立的社会主体进入公共领域。

---

① 约翰·波考克.古典时期以降的公民理想//许纪霖.共和、社群与公民[M].吴冠军,译.南京:江苏人民出版社,2004:32.

② 以赛亚·柏林.自由论[M].修订版.胡传胜,译.南京:译林出版社,2011:12.

"行动的机会",就存在于公共领域之中。

二、对女性开放的公共领域何以可能

在晚清社会,一个对女性开放的公共领域是如何可能的?

如前所述,晚清中国的妇女解放是在"中西之别"的维度上被表述的,关于妇女解放的最初想象直接以西方妇女自由为参照系。然而,西方妇女解放是在公民身份的"男女之别"的维度上被解读的,以男性的政治权力为参照系,最终的诉求是完全的公民权利向女性群体扩展,性别的权利差异最终必须在国家层面得到调停,女性需要国家理由给予政治援助。因此,直接复制西方女性平权经验在晚清社会的相关实践中似乎并不可行,因为这种模仿式的解放类似一块飞地,没有国家层面的理由或权利正当性的来源,解放的根基也就不存在。

彼时,晚清社会正处于"千年未有之大变局",即从封建王朝向现代国家转型,就连中国男性同时也在试图寻找一种新的国族形态的蓝本,以建构一种新的政治身份。中国妇女解放运动正是发生在这个转型阶段。随着封建王朝的崩解,"三纲五常"从道德规范沦为被抨击的对象,最先崩塌的就是君臣关系,这也是封建伦常的核心。人们必须面对的问题是,失去了"臣民"的身份,接下来该以什么样的身份继续参与政治生活。此时新的"现代国家"还只是人们脑海中模糊的想象,更不用说公民身份、公共领域之类的现代政治实践。

前现代中国的政治实践与西方以公共领域为基本场域的

政治实践有很大差异。在中国,"公"的观念更多是士大夫阶层的一种理想①,并没有在民众日常生活中践行。前现代中国即使有类似"公众"的概念,也仅仅指肩负"言责"的士大夫阶层。政治参与,即使是"不治而议论"的"清议",也只能通过政治体制内的官方渠道才能上达,就连邸报之类的古代报刊也仅仅是皇帝的耳目喉舌的延伸,全然不具备批判的舆论机关的功能。如此,政治实践完全被限制在封建官僚体系内部。普通民众,即便是男性都很难有直接参与政治的资格,更遑论女性。

中国的现代转型却为女性的政治参与打开了入口。现代中国的建构源起于殖民主义视域中"西方/东方、男人/女人、进步/落后"的二元思维,并从这样的二元对立中建构出一种革命的合法性。革命的目标是解放,解放的前提是压迫。如何叙述或者建构被压迫者,妇女就成为最直观的压迫话语实施群体。看上去非常宏阔的"中西之别",其具象化的佐证被表述为中国女人和西方女人的差别。妇女被赋予"国民之母""女公民"的期待。于是,妇女解放与国族建构在中国的语境中成了一个同构的过程。现代国家的想象牵动了妇女权利议题,而性别引擎又反过来开启了国族建构的动力装置。一个全新的公共领域就在妇女解放和国族建构的合题中得以展开。

中国妇女解放在实践上出现了一种与西方不同的颠倒。并不存在一个可以直接对女性开放的现代意义上的公共(政治)

---

① 沟口雄三.中国的公与私·公私[M].郑静,译.北京:生活·读书·新知三联书店,2011.

领域,甚至不存在一个可供修正的现代国家理念。相反,妇女问题作为一个核心议题,开启了建构公共领域和国族想象的引擎。只有如此,妇女解放才有实践的可能性。在晚清社会,一个对妇女开放的公共领域,实际上是在表达、叙述、讨论妇女问题的过程中被建构出来的。

这个表达、叙述、讨论妇女问题的重要场域就是报刊。在不同视角的近代中国女性研究中,大部分文献都将近代报刊作为重要的史料。中国近代史学界历来有重视报刊资料的传统,"报纸的逐日印行,新闻的讲求时效,记者的好奇搜隐,使其最大程度地逼近于社会情状的原生态"①。现代报刊以其"奇闻异事,罔不毕录"的特性成为晚清妇女解放历史的最佳见证。借助报刊,晚清女性生活无比丰富的面向得以呈现。

报刊之于中国妇女解放的意义,此前的研究在传递新知这个启蒙维度上已经阐释得足够清楚了。笔者认为,报刊在晚清妇女解放中发挥的功用不仅仅是传达精英知识分子的思想精华。如前所述,一个对女性开放的公共领域的建构过程,就与报刊有着密切的关系。

三、报刊与晚清女性的公共实践

汉娜·阿伦特(Hannah Arendt)从亚里士多德对人的基本判断("人是政治的动物")出发,认为参与政治生活才是人的价

---

① 夏晓虹.晚清女性与近代中国[M].北京:北京大学出版社,2004:导言.

值。在阿伦特看来,这种参与创造了一种"复数的人"共同在场并相互可见的公共领域,因为只有在这样的领域中,人才被称为人。在中国现代转型的语境中,妇女解放的核心问题"一个对妇女开放的公共领域是如何可能的"需要置换为"围绕妇女问题,一个公共领域是如何被建构的,妇女如何在这个领域中展开自身的公共实践"。阿伦特的思路为考察这个问题提供了线索。阿伦特所定义的公共领域的一个前提是互相"看见"。阿伦特将公共空间比作一张桌子,"就像一张桌子放在那些坐在它周围的人群之中一样,这一世界就像一件中间物品一样,在把人类联系起来的同时,又将其分隔开来",这"意味着,在公共领域中展现的任何东西都可为人所见、所闻,具有可能最广泛的公共性"①。

(一) 制造"可见"的报刊

在中国传统文化中,生理差异被解释为"阴阳"之别,并被导入先验的位序结构之中。《孟子·滕文公上》有云:"君臣有义,父子有亲,夫妇有别。"夫妇与前两种对偶出现的概念一样,更看重夫妇之道衍生出的一种位序,而非性别差异。宋明理学将这种位序的规定性推向极致,更为严苛的三纲五常强化了男女之别,并形成有内外之分的生活秩序。"男不言内,女不言外"的戒律主导着人们的日常言行。对人欲的警惕使得君子们将眼光落在女人身上,女人被指认为和私欲有关联。为了成全

---

① 汉娜·阿伦特.人的条件[M].竺乾威,等译.上海:上海人民出版社,1999:38—40.

天理,女人必须被藏匿于内闱,圈定她们的活动空间还不够,还必须限制她们的行动能力,于是,缠足得到推广。女人,在空间的层面和话语的层面,都是不可见的。

因此,妇女解放的第一个问题就是如何跨越传统中的内外之别。从旧式妇女到新女性的跨越并非一个旧貌换新颜的外科手术,而是女人"如何被看见"和"如何看见自己"的问题。女人如何被看见?在既有的文化系统中,君臣、父子、夫妇关系的包裹阻止了女性现身的可能,而现代报刊在这个严密的伦常体系之外打开了一个窗口。在此前的研究中,中国妇女解放被指认为有一个"西方源头"。19 世纪下半叶,在华西方传教士们为了表现基督文明的优越性,提出"释放女人"。例如,林乐知在 1868 年创办的《中国教会新报》(后改名为《万国公报》),自创办之日起就开始陆续刊登一些批评中国女俗的文章,指出中国对待女人的三大恶俗:"一为幽闭女人,二为不学无术,三为束缚其足。"[①]"西方文明教化之国,其待女人皆平等。东方半教化之国,其待女人皆不平等。若在未教化人中,则其待女人,直一奴仆牲畜无异矣!"[②]此前的研究中已有报刊的身影,但它在这类研究中不过是一个信息扩散工具,少有人注意报刊造就的"可见"。

无论是名为《中国教会新报》还是《万国公报》,"新"和"公"都表明这份报刊与中国传统的信息沟通方式不同。

---

① 林乐知撰.任保罗述.论女俗为教化之标志//李又宁,张玉法.近代中国女权运动史料:上[M].台北:龙文出版社股份有限公司,1995:397.
② 林乐知撰.任保罗述.论中国变法之本务//李又宁,张玉法.近代中国女权运动史料:上[M].台北:龙文出版社股份有限公司,1995:389.

现代报刊是一个向所有人敞开的窗口,报之所见即阅者之所见。传统士大夫们曾经尽力藏匿的女人,被他者的眼光捕捉到,并作为一个尖锐的问题呈现在西洋文明的背景板上。

中国女性,忽然从传统伦常最晦暗处,被曝光于中西差异的标尺之上,女性的现身就从这里开始。女性曾经被内闱切断的与外部世界的联系,重新连接起来。

不管是广告中的时髦女郎形象,还是社会新闻中的征婚信息,或者直接指向妇女权益的戒缠足、兴女学等社论文章,报刊将女性置于公众视域的中心,让隐没于深闱的女性变得可见。当女性的现身在报刊制造的场域中已经成为一种平常之景时,实体空间中传统礼教对女性日常生活的约束便日渐式微。一些报业发达的城市风气大开,可以说相当程度上得益于报刊所制造的女性群体"可见性"。这些城市(如上海),通常对于女性进入公共空间表现出较大的宽容度,并为女性提供了较多的就业机会。在新场景下,新的女性角色开始在报刊中构建,有谋业自养的女性,如娼妓、女弹词、女佣和女工,也有接受教育的女性,如女学生。这些传统社会鲜有的新女性形象,进一步确证了女性在公共空间中"在场"的合法性。

(二) 勾连交往关系的报刊

仅仅是现身和在场,还不足建构一个现代意义上的公共领域。现身和在场是为了公共交往。在汉娜·阿伦特看来,只有公共交往(言说)这种行动才能建构公共领域。在理查德·桑内特(Richard Sennett)看来,公共交往在私人的、亲密关系的领域之外,"'公共'意味着一种在亲朋好友的生活之外度过的生活"①。对于女性而言,最初的公共交往实践只有在现代报刊的推动下才得以可能。

如前所述,清末民初的中国并不存在一个现代意义上的公共领域。因为中国传统"公"的观念要通达现代意义上的公共领域,尚缺乏直接演绎的逻辑。不仅是女性,就连普通男性都因为前现代中国政治交往模式的封闭性而很难获得参与政治的资格。参与政治,只有考科举、走仕途这一条路。1905年,科举制的废除彻底关闭了传统仕途的入口。在西学东渐的大风气之下,士大夫们开始探索并试图建构一个新的政治交往场域。

在这个过程中,现代报刊是一个无法忽视的关键因素。黄旦指出,清季出现的现代报纸与原有的"谕旨""上书""邸报"一类封闭性渠道截然不同。按照加布里埃尔·塔尔德(Gabriel Tarde)的说法,"报纸是一种公共书信、公共的交谈","一支笔足以启动上百万舌头交谈"②。也许报中言论一开始不无"上书""清议"之痕迹,甚至可以说是一种公开的"上书"和"奏章",但恰恰是"公开"这一特质,让现代报刊与前现代中国的政治交往和沟通有了本质上的区别。办报与办会一体,以报刊为辐射点形成大大小小的政治交往共同体。这是在过去的政治交往旧框式下想象不到且不可能出现的。法国和英国社会的分化、自由、理性启蒙为报刊和批评构建了

---

① 理查德·桑内特.公共人的衰落[M].李继宏,译.上海:上海译文出版社,2008:20.

② 加布里埃尔·塔尔德.传播与社会影响[M].何道宽,译.北京:中国人民大学出版社,2005:235.

基础,而中国则相反,有了报纸后才有不同的群体——从同人到党派①。在重构交往关系的层面,现代报刊勾连起的新的政治交往场域在理论上是对所有人开放的。舶来的现代报刊对中国产生的结构性影响就在于此。

报刊对妇女问题的关注引发了社会讨论,即使仅仅作为被观看的对象,妇女也已无法置身事外。一些具备读写能力的女性,开始通过报刊中的读者来信加入这场声势浩大的争论,一些专论妇女问题的女报也陆续出现。自创刊于 1898 年的中国第一份女报《女学报》始,20 世纪初女报的实践呈蓬勃之势。在此前的研究中,女报作为妇女解放思想的重要载体和传播媒介被反复提及。在笔者看来,对女性而言,报刊更重要的意义在于,它是女性进入新的公共交往场域的入场券。如果说男性的政治言说在文人论政的传统之下看起来是顺理成章的,妇女则是在自身成为"问题"的情况下,才得以加入这个论域。这个论域由报刊开启,由报刊勾连。报刊使妇女变得可见,并且以妇女问题为中心议题勾连起新的交往场域。

报刊本身就是一种交往关系。在加布里埃尔·塔尔德眼中,报刊的强大力量在于"各地分散的群众,由于新闻的作用,意识到彼此的同步性和相互影响,相隔很远却觉得很亲近"②。与传统书斋内的私人阅读不同,报刊的特殊性在于其阅读的同时性。用安德森的话说,报纸有一种"同质的,空洞的时间",造

---

① 黄旦.耳目喉舌:旧知识与新交往——基于戊戌变法前后报刊的考察[J].学术月刊,2012(11).

② 加布里埃尔·塔尔德.传播与社会影响[M].何道宽,译.北京:中国人民大学出版社,2005:245.

就了"天涯共此时"的印象,从而"创造了一个超乎寻常的群众仪式:几乎分秒不差的同时消费(想象)"。"报纸的读者们在看到和他自己那份一模一样的报纸也同样在地铁、理发厅,或者邻居处被消费时,更是持续地确信那个想象的世界就植根于日常生活中,清晰可见。"①晚清时期,城市中妇女从被观看到参与论争,在同时性的阅读中反复确认其他女性与自身的相同境遇和共同的生活世界,这种"神圣的仪式"正是所谓"女界"得以确认和形成的前提。

当秋瑾在《中国女报》的发刊词中向"二万万女同胞"大声疾呼时②,可能没有想到,如果没有报刊,也就没有二万万女同胞的千呼百应。女性以报刊、女学、社团等为媒介,主动建构起一个以单一性别为基础、具有普遍姊妹情谊的理想世界。这一理想世界试图改变儒家伦理中男女两性关系,并为中国女性在传统家庭角色之外另设选择。同时,女界的形成也受到晚清以来兴起的合群思想的影响。在这个阐释框架中,国家民族被想象为由不同"群"或者"界"(如政界、军界、商界、绅界、学界等)组成的政治共同体。其中,女界提供的全新的身份认同为女性的公共言说开辟了独特的视角,女界这个集体身份也为女性在公共领域中占据了一个位置。

妇女解放当然不仅仅是女界的事,商界、政界等其他社会群体围绕妇女问题你来我往争论不休。在维新报刊中,妇女在"强国保种"的逻辑中被赋予"国民之母"的责任;革命派报刊则

---

① 加布里埃尔·塔尔德.传播与社会影响[M].何道宽,译.北京:中国人民大学出版社,2005:33-35.

② 秋瑾.发刊辞[J].中国女报,1907(2).

希望以"女国民"的身份动员女性成为革命力量的一分子,通过建立共和国家来争取平等权益。尽管社会各界对妇女问题看法不一,但报刊对这些分歧和争论的呈现本身就在形塑一个汉娜·阿伦特意义上的公共领域——只有差异、分歧才能给自由言说足够的空间。可以说,报刊以妇女解放为支点,建构出一个各个视角同时在场的公共领域。

报刊勾连的新型交往关系往往也会投射到具体的空间中。上海是清末民初的报业中心,在办报合群风气的影响下,以各色报刊为中心,大大小小不同性质的群体聚集于上海。这种交往关系往往是以共同的志趣或利益为基点的较为松散的社会关系。对于一些社交活跃分子而言,一个人可以分属于不同的群体。这样的社会关系开始呈现出费孝通所说的"团体格局"的意味:"几把稻草束成一把,几把束成一扎,几扎束成一捆,几捆束成一挑。每一根柴在整个挑里都属于一定的捆、扎、把。"①中国传统的社会格局,是由一个个"我"一圈圈推陈开来的"推己及人"的"差序格局",是由一根根私人关系交织而成的网络,内在地由"礼"的秩序维持关系的稳定。但城市是一个陌生人的空间,职业各异,背景驳杂,"礼"在城市空间中很难再作为一种近乎强制的规则来型构交往关系。城市空间的典型特征,更多的是理查德·桑内特所说的"无序"的自由②。这种自由松散的交往关系需要新的中介来建立和勾连。女性也只有从传统社会固化的关系网络中松绑,投入公共交往的现代

---

① 费孝通.乡土中国·生育制度[M].北京:北京大学出版社,1998:25.
② 理查德·桑内特.无序的用处:个人身份与城市生活[M].戎渐歆,译.上海:上海人民出版社,2023.

社会关系,才算真正迈出了解放的步伐。这个新的中介正是报刊。

除了办会,与办报一体的还有办学。清末,各式报刊不断发出兴女学的呼声。报刊在中国最早一批国人自办的女学校的创立过程中,不仅仅起到广而告之的宣传作用,更重要的是,资金筹措、人员联络、活动召集和组织,桩桩件件皆依赖报刊,一些女报甚至还担负起作为女学校教科书和启蒙读本的任务。相较于传统私塾,经报刊中介的新式女子学堂中的交往关系完全不同。19世纪末20世纪初,由现代学校所构建的学缘关系开始取代传统私谊网络下的地缘关系。钱穆认为:"中国士绅的影响一在清议,二在门第。到了现代,清议演变为公共媒介和公共舆论,门第嬗变为学校和文凭。"①虽然传统社会的门第和现代学校功能类似,都是为社会输送精英知识分子,但从关系形式上看,二者判然两途。

中国历史上不乏文学修养良好的女性,但传统社会中的女诗人们的成长环境是文化世家熏陶下的闺阁,因此,她们的交际网络带有鲜明的家族性特征。对于闺阁诗人而言,诗文创作的家族性集中体现在她们大量的姊妹之间和夫妻之间的往来唱和之作中。在男女大防的禁忌之下,女子即使有受教育的机会,也多以"家学"的形式。虽然清末的新式女子学堂教授的内容与传统女德教育无大差别,"所谓教者,教以为女、为妇、为母之道"②,但女学堂中接纳的女学生已是出身、背

---

① 许纪霖.近代中国知识分子的公共交往(1895—1949)[M].上海:上海人民出版社,2008:21.
② 奏定蒙养院章程及家庭教育法章程//璩鑫圭,唐良炎.中国近代教育史资料汇编(学制演变)[M].上海:上海教育出版社,2007:400.

景、地域各异,她们之间的交往始于陌生的相遇。1904年,上海爱国女校成立了以传授手工艺、解决女子谋职为宗旨的附校,很多涌入城市的农村年轻女性就在这样的女校中接受培训。当时,女学校想要广开生源、招纳四海,必须依赖报刊。报刊的介入,使得女学校的招生完全公开化、公共化。女校学生们来自不同家庭,甚至不同城市,同学们大部分是天各一方的素不相识者。晚清上海女学校的学缘关系中已经基本看不到血缘和亲缘关系的影子,而是基于陌生人交往形成的具有现代公共关系性质的社会网络。

除了招徕学生,女学校和女学会的日常组织和运作同样离不开报刊。现代报刊因其白话易读的特点,被许多女子学校选为启蒙读物。报中关于妇女解放问题的文章,因关切自身,自然在女校中引起了热烈的反响。办学习班、举行公开演讲在当时的女校是一种普遍现象,女校的读报活动又进一步吸引了社会上关注妇女解放人士的注意。文人、女学生、职业女性、社会革命人士,由报刊串联的公共交往网络逐渐展开。

乡土社会中的女性作为内闱中固定的一点,决定其关系网络形态和其在关系网中位置的只是血缘。借助报刊,女性可以通过自身的实践,将自己编织进不同的关系网络中,甚至以自身为节点,建构新的关系。例如,晚清知名女性吕碧城具有多重复杂的社会身份,包括女报人、教育家、女界名流、留美学生、北洋政府秘书、佛教人士、女诗人、文化名流、南社成员等,每个社会身份背后都对应了一个相应的社交网络。笔者认为,女性解放的意义莫甚于获得重构社会关系的可能性。

四、报刊中介下的晚清妇女解放

在社会史、妇女史、新闻传播史等多种视角的相关研究中,关于晚清妇女解放的研究常以报刊为重要史料。研究者多将报刊视为一种透明的媒介,一种客观的史料。关于报纸功用的研究,大多在传统的媒介工具论的层面,阐释报刊在妇女解放运动中的思想传播和社会动员作用。在这种媒介的"再现范式"下,报刊在多数研究中仅被视为启蒙的工具。

本书认为,晚清妇女解放运动需要在公共性的理路中加以考察。中国妇女解放在实践上出现了一种与西方不同的路径。妇女问题作为一个核心议题,以报刊为基本场域,开启了建构公共领域和国族想象的引擎。同时,一个对妇女开放的公共领域,在表达、叙述、讨论妇女问题的过程中被建构出来。在报刊建构的公共领域中,传统女性真正迈出了"出走"的第一步,开始了打破陈规的各类公共实践。

本书认为,报刊作为彼时的新媒介,不仅反映现实,还建构现实。它作为一种社会变革的动力要素,参与新世界的建构,也为晚清女性群体的生活引入新的尺度。在这个意义上,与其说中国妇女解放始于晚清,不如说中国妇女解放始于现代报刊的崛起。

现代报刊将隐匿于深闺的女性暴露在公众的目光下,女性在这样的注视下走出内闱,走入公共空间。从乡土社会伦理网络中解脱出来的女性纷纷奔向城市,去寻找成为女儿、妻子、母亲之外的"行动的可能性"。在报刊的关注下,她们适应着自己的新身份:女学生、女工、女报人、女学者等。阅读报刊不仅仅是为了获取新奇、连接社会,更重要的是报刊使女性获得了从未有过的体验:交往的自由。阅报合群,在同时性的阅读体验中,一个同呼吸、共命运的女界脱颖而出,让女性在差异与无序之外获得了一种共同体的体验——在新的关系中定位自身,并以自身为节点,生发出新的交往。如果说妇女解放运动的目的在于改变女性生存境况,那么在报刊的中介下,女性的公共言说和自由交往成为可能,女性的存在获得了前所未有的意义和价值。

我们必须看到,报刊介入这一过程时,其搅动的变局、产生的影响,绝不是"推动"或"促进"这样简单的词语可以概括的。报刊实践本身的历史性、地方性特点,以及报刊介入女性生活的特定情景和特殊方式,都决定了报刊与女性生活实践的互动必定是复杂的。这也是本书希望重点剖析和讨论的主要问题。

第一章
研究缘起：新视野与新问题

一、不同学术视角下的报刊与晚清妇女解放

(一) 社会史中的晚清妇女解放研究

作为人类社会不可或缺的一部分，女性群体的生存状况被视为衡量一个社会文明程度的标尺之一，也是人文社会科学领域学术研究的重要课题。

20世纪二三十年代，在内忧外患的背景下，学术界的思考和讨论大都集中在社会性质和中国的出路等问题上，社会史研究围绕中国社会的性质、中国社会的主要问题、中国向何处去之类的路线方略等展开争论。其中，学术界特别关注妇女问题，由社会性质讨论引发的相关妇女问题，如妇女地位、婚姻、家庭等，都成为研究热点。陈东原的《中国妇女生活史》[①]、王书奴的《中

---

① 陈东原.中国妇女生活史[M].上海：商务印书馆，1928.

国娼妓史》①等一系列关于婚姻、家族、宗族史的著作,成为后世研究中国妇女问题的重要基础。

新中国成立后,在唯物史观和阶级论的指导下,妇女问题的社会史书写开始转向政治学视角下的妇女运动史。中华全国(民主)妇女联合会整理出版了1840—1918年的妇女运动资料,为研究晚清妇女史提供了系统且全面的史料。其后,刘巨才的《中国近代妇女运动史》②、吕美颐和郑永福的《中国妇女运动(1840—1921)》③、中华全国(民主)妇女联合会的《中国妇女运动史:新民主主义时期》④几乎于同一时期完成了革命话语框架下的妇女运动史书写。

随后,郑永福和吕美颐的《近代中国妇女生活》⑤突破近代妇女史研究的惯有主题,开始探讨妇女的生活层面,如服饰、婚嫁、宗教、职业、城乡妇女的差异等,完成了从妇女运动史向生活史的转向。罗苏文的《女性与近代中国社会》⑥观察近代女性的生存状态,重视不同区域文化环境下近代妇女的境遇差异,晚清上海女性开始被作为独立的特征群体论述。此后,女性群体书写开始转向妇女社会生活史。

进入21世纪,近代中国妇女史研究的边界逐渐延展,研究

---

① 王书奴.中国娼妓史[M].上海:生活书店,1935.
② 刘巨才.中国近代妇女运动史[M].北京:中国妇女出版社,1989.
③ 吕美颐,郑永福.中国妇女运动(1840—1921)[M].郑州:河南人民出版社,1990.
④ 中华全国妇女联合会.中国妇女运动史:新民主主义时期[M].北京:春秋出版社,1989.
⑤ 郑永福,吕美颐.近代中国妇女生活[M].郑州:河南人民出版社,1993.
⑥ 罗苏文.女性与近代中国社会[M].上海:上海人民出版社,1996.

领域从政治、经济、文化、教育到妇女的职业和生活,从妇女的婚姻家庭关系到多样的社会活动,从妇女典型个体研究到妇女群体的画像。2004年,杜芳琴和王政主编的《中国历史中的妇女与性别》①使用"社会性别"理论解读中国各历史时期的妇女史,其中就有从社会性别关系出发考察近代妇女历史的论述。杨剑利的《女性与近代中国社会》②也有意识地跳出政治史的框架,用性别理论的分析方法揭示性别问题与中国社会近代化进程的关系。这些著作的出版标志着中国妇女史研究开始进入性别研究时代。

同时,伴随上海史研究的日益繁荣,不少研究开始将晚清上海妇女群体作为独立研究对象。研究上海史的重要著作《上海通史》③中的"晚清社会"部分就包括晚清市民空间中的妇女活动和与妇女相关的都市习俗的变迁。李长莉在《晚清上海社会的变迁——生活与伦理的近代化》④中用大量篇幅探讨晚清上海主要女性群体的社会参与,以及由此引发的舆论对垒和伦理冲突。罗苏文在《近代上海:都市社会与生活》⑤一书中展现了晚清上海女性在"女性活动空间"中的生活和娱乐。除了总论性的著作,有关晚清上海妇女史的研究还分布在其他各类专题研究中,如妓女群体研究、女艺人群体研究、女工群体研究、女子教育研究等。

---

① 杜芳琴,王政.中国历史中的妇女与性别[M].天津:天津人民出版社,2004.
② 杨剑利.女性与近代中国社会[M].北京:中国社会出版社,2007.
③ 熊月之.上海通史:第2、5卷[M].上海:上海人民出版社,1999.
④ 李长莉.晚清上海社会的变迁——生活与伦理的近代化[M].天津:天津人民出版社,2002.
⑤ 罗苏文.近代上海:都市社会与生活[M].北京:中华书局,2006.

在以上不同视角的近代中国女性研究中,大部分都将近代报刊作为重要的史料。正如历史学者闵杰所说,近年发表的中国近代社会史和妇女史论著,有一半左右或多或少地引用了报刊资料①。中国近代史学界历来有重视报刊资料的传统,"报纸的逐日印行,新闻的讲求时效,记者的好奇搜隐,使其最大程度地逼近于社会情状的原生态"②。现代报刊以其"奇闻异事,罔不毕录"的特性成为历史的最佳见证。借助报刊,晚清女性生活无比丰富的面向得以呈现。

(二)新闻传播学中的晚清妇女解放研究

基于报刊对于晚清女性研究的重要价值,近年来,新闻传播学开始积极参与到晚清妇女解放的研究中,以报刊为主线书写晚清女性历史的研究开始涌现。这一视角的研究对象主要是与妇女问题相关的报刊和妇女报刊。

1. 与妇女问题相关的报刊研究

这类研究对象一般是某份或某几份报刊中的"女性话语"——妇女解放相关报道、妇女解放观念和女性形象等。夏晓虹的《晚清文人妇女观》③从《万国公报》《时务报》《湘报》等最早一批国人自办报刊中,提炼出晚清文人对于"缠足""女学""女报"等相关问题的看法和观念。报刊作为当时妇女问题的主要论述场域,为查考文人对于妇女问题的看法提供了翔实的

---

① 闵杰.晚清报刊与妇女史研究//陈平原.现代中国:第8辑[M].北京:北京大学出版社,2007.
② 夏晓虹.晚清女性与近代中国[M].北京:北京大学出版社,2004:导言.
③ 夏晓虹.晚清文人妇女观[M].北京:作家出版社,1995.

记录。蒋含平等的论文《城市风格与报刊姿态：五四时期北京〈晨报副刊〉与上海〈觉悟〉副刊妇女解放运动呈现比较（1919—1920）》①考察北京和上海两城的报纸中与妇女解放运动相关报道在报道主题、文章风格等方面的差异，揭示城市风格和报刊立场对于妇女解放运动的呈现方式的影响。曾繁花的博士论文《晚清女性身体问题研究——基于若干报刊的考察》②以《申报》《上海新报》《大公报》《时务报》《东方杂志》等为主要考察对象，从报道和广告等文本中分析晚清报刊中女性身体改造话语的呈现。类似的研究还有王爽的硕士论文《近代报刊与晚清戒缠足运动（1869—1907）》③、李文健的硕士论文《〈醒俗画报〉及其性别意识研究》④等。这类研究的对象主要是清末报刊中的相关文本，分析报刊记录和呈现的晚清妇女解放运动。

2. 妇女报刊研究

妇女报刊以妇女问题、妇女生活为重要内容，作为一种性别指向性很强的媒介而受到研究者的关注。以妇女报刊为对象的研究数量更多也更成体系。现有的妇女报刊研究大致可以分为两类：第一类是妇女报刊发展史；第二类是对妇女报刊的个案研究。

在妇女报刊发展史的研究中，部分研究将妇女报刊史作为

---

① 蒋含平,李敏,王悦.城市风格与报刊姿态：五四时期北京《晨报副刊》与上海《觉悟》副刊妇女解放运动呈现比较(1919—1920)[J].新闻大学,2018(5).
② 曾繁花.晚清女性身体问题研究——基于若干报刊的考察[D].广州：暨南大学,2011.
③ 王爽.中国近代报刊与晚清戒缠足运动(1869—1907)研究[D].开封：河南大学,2015.
④ 李文健.《醒俗画报》及其性别意识研究[D].天津：南开大学,2009.

新闻史、报刊史等通史性研究的一部分。例如,戈公振的《中国报学史》①涉及清末《女报》《女子世界》《中国女报》《神州女报》的相关简介;方汉奇主编的《中国新闻事业通史》②在近现代部分涉及上海妇女报刊的相关论述,如清末"维新时期的白话报刊"中的《女学报》、辛亥革命时期"上海地区革命报刊的宣传活动"中的《女子世界》《中国女报》等、民国初期"新闻事业的短暂繁荣"中的《女权月报》《民国女报》等。

也有更为系统地阐述妇女报刊整体发展史的研究。例如,田景昆和郑晓燕主编的《中国近现代妇女报刊通览》③收录了1898—1989年的146种妇女报刊。刘巨才的《中国近代妇女报刊小史(1898—1918)》④将中国近代妇女报刊的发展分为三个阶段,即发端于戊戌维新时期,勃兴于辛亥革命前夕,到民国元年达到高潮。此后,由于袁世凯和北洋军阀时期的高压政策,妇女报刊逐渐趋于衰落。该文还简要评述了中国近代妇女报刊在内容、编排方式上的特点。李应红的《中国华文女性期刊百年发展回顾》⑤以上海妇女报刊为研究对象,对各时期重要妇女期刊及其特色进行了归纳和分析。赵蓓红的博士论文《近现代上海妇女报刊史(1898—1949)》⑥较前述研究更为系统,将近现代

---

① 戈公振.中国报学史[M].上海:上海书店出版社,2013.
② 方汉奇.中国新闻事业通史[M].北京:中国人民大学出版社,1999.
③ 田景昆,郑晓燕.中国近现代妇女报刊通览[M].北京:海洋出版社,1990.
④ 刘巨才.中国近代妇女报刊小史(1898—1918)[J].新闻研究资料,1986(2).
⑤ 李应红.中国华文女性期刊百年发展回顾[J].编辑之友,2009(3).
⑥ 赵蓓红.近现代上海妇女报刊史(1898—1949)[D].上海:华东师范大学,2019.

上海妇女报刊的发展历程分为五个时期,并对每个时期的发展背景、发展概貌和个案等展开研究。其中,论述典型妇女报刊个案时,研究其办刊缘起、宗旨内容、编排风格、主要报人、经营管理和社会影响等几个方面。刘人锋的《中国妇女报刊史研究》[①]把中国妇女报刊的百年发展历史作为整体的研究对象。在近现代部分的研究中,选取上海具有代表性的妇女报刊作为研究对象,除了梳理出妇女报刊的发展脉络和基本情况,还着重剖析了中国妇女报刊与中国女性的生活和社会发展之间的关系,研究妇女报刊在传播女性解放言论、引领女性观念变迁过程中所产生的作用和影响。宋素红的《简论中国妇女报刊的产生与发展(1898—1949)》[②]和李谢莉的《中国近现代妇女报刊研究(1898—1949)》[③]也将论述的重点放在妇女报刊的社会价值上,分析相关报刊在记录妇女生活、传递妇女解放观点、动员社会运动等方面的作用。总体而言,这类通史研究描述了近代妇女报刊的发展脉络,但对妇女报刊的论述主要是概况式的介绍和描述。

晚清上海妇女报刊的个案研究集中在《女学报》《女报》《女子世界》等几个影响力较广、史料相对丰富的报刊上,相比通史类研究更集中,也更深入。夏晓虹的《晚清两份〈女学报〉的前世今生》[④]对《女学报》进行了考证,刘人锋的《晚清女性关于女

---

① 刘人锋.中国妇女报刊史研究[M].北京:中国社会科学出版社,2012.
② 宋素红.简论中国妇女报刊的产生与发展(1898—1949)[J].郑州大学学报(哲学社会科学版),2003(5).
③ 李谢莉.中国近现代妇女报刊研究(1898—1949)[D].成都:四川大学,2003.
④ 夏晓虹.晚清两份《女学报》的前世今生[J].现代中文学刊,2012(1).

学的探讨——以第一份妇女报纸〈女学报〉为例》①则从报刊内容的角度论述了晚清首份妇女报刊的编辑特点。对于《女子世界》的研究,要数夏晓虹的《晚清女报的性别观照——〈女子世界〉研究》②最具代表性。王青亦的《国族革命背景下女性报刊出版景观——〈中国新女界杂志〉考略》③对《中国新女界杂志》的创办过程进行考证,并对其立意、论述和期刊特点进行了评述。以上文献虽然对某份或某几份妇女报刊做了深入细致的考证,但着眼点依然是报刊传递的思想观点,没有跳出观念史的框架。张新璐的《〈女学报〉的公共舆论空间与女性主体意识》④则着重阐述了报刊对于当时的妇女解放言说空间的介入和建构。

综上,报刊对于历史研究的重要性不言而喻,不仅是新闻史、传播史、报刊史、出版史研究的一个重要对象,也是思想史、文化史、社会发展史研究不可忽视的文本。不同学术视角下的晚清妇女解放研究,几乎都无法绕过报刊这个重要媒介。尽管研究视角千差万别,但仔细考察可以发现,报刊在大多数研究中的角色都基本一致。

不论是文化史、政治史还是生活史、社会性别史,多数研究

---

① 刘人锋.晚清女性关于女学的探讨——以第一份妇女报纸《女学报》为例[J].中华女子学院学报,2008(3).
② 夏晓虹.晚清女报的性别观照——《女子世界》研究//夏晓虹.晚清文人妇女观[M].增订本.北京:北京大学出版社,2016.
③ 王青亦.国族革命背景下女性报刊出版景观——《中国新女界杂志》考略[J].现代出版,2016(2).
④ 张新璐.《女学报》的公共舆论空间与女性主体意识[J].新闻与传播研究,2020(2).

认为报刊是一种透明的媒介,"进入报刊"便能"返回现场"①,报刊以其公正、客观、无所不包的特性,几乎是无可挑剔的丰富史料库。但在这类研究中,报刊处处可见却又处处不见,始终躲在历史文本的身后,是穿越时间的历史见证者。报刊与方志、日记等史料的区别只是形式不同。这样的报刊角色在以报刊为主线来书写历史的新闻史、报刊史研究中也经常出现。近年来,越来越多的研究者除了将报刊作为主要参考资料,更进一步地注意到报刊这种媒介之于晚清妇女解放的功用。夏晓虹的《晚清女子国民常识的建构》在第四章和第五章明确地将晚清女报定义为女性群体的"启蒙读物",认为晚清女报介绍了女界学说,报道了女界最新动态,并通过记事、论说、传记、文苑等众多女报栏目,将"国民常识"播植于女界,认为女报在传识启智上起到了难以替代的作用②。这类研究着眼于妇女解放相关报道、报刊所刊登的妇女解放观念,分析报刊如何反映妇女解放的境况,启蒙女性心智,引领女性风潮,即陈晓华所总结的,报刊在晚清妇女解放运动中的角色——观念传播和思想启蒙③。这类研究虽然将报刊这个媒介本身纳入研究视野,但仍然遵循媒介工具论的研究路径:媒介就是信息载体和言论管道。研究对象看似是报刊,实际上还是报刊所载的思想和观点。因此,这类研究实际上偏重建构观念史而非媒介史。

总之,尽管学术视野不同,但不同学科的研究者在考察报

---

① 夏晓虹.晚清女性与近代中国[M].北京:北京大学出版社,2004:2.
② 夏晓虹.晚清女子国民常识的建构[M].北京:北京大学出版社,2016.
③ 陈晓华.中国近代报刊史上的一座里程碑——论辛亥革命时期的妇女报刊[J].社会科学研究,2003(6).

刊在晚清妇女解放运动中的角色时,不约而同地将报刊视为思想的载体和管道,报刊的功用不过是将启蒙的声音以一种更高效的方式传达给更广泛的大众。于是,妇女解放的历史几乎无一例外地被书写成精英知识分子借助报刊这个管道将女权思想播植于女界的历史,对妇女解放运动的叙述也就变成了精英知识分子及其思想的传记式叙述。这种启蒙维度上的思想史、观念史研究思路几乎成了不同学科妇女解放研究的共识。

二、报刊之于晚清妇女解放的意义

报刊之于中国妇女解放的意义,此前的研究已经在启蒙的维度阐释得足够清楚。在晚清人士看来,女子见识浅薄,与幼童无异,"妇孺皆知"这个成语反映的正是女子在文化位阶上处于低端的社会印象。因此,开女智便成为当时精英知识分子拯救女性的起点,而报刊以其面向大众的传播特性和通俗易懂的文本特点顺理成章地成为女性开智启蒙的最佳工具。将报刊作为观念载体和宣传工具来考察,是完全正确的。

但正如马丁·海德格尔所言,"单纯正确的东西还不是真实的东西"①。约书亚·梅洛维茨(Joshua Meyrowitz)指出,许多对媒介影响的研究都忽略了对媒介自身的研究,结果无论是研

---

① 马丁·海德格尔.技术的追问//吴国盛.技术哲学经典读本[M].孙周兴,译.上海:上海交通大学出版社,2008:302.

究什么媒介的内容,比如电视或者报纸、戏剧、电影、小说等,其方法都是一样的①。在"信息载体""启蒙工具"这种媒介工具论的视野下,此前以报刊为主线的晚清妇女解放研究和以书籍、戏剧等为主线的研究,得出的结论似乎没有什么不同,差别仅在于精英知识分子的思想通过何种途径抵达女性群体。重要的不是媒介,而是媒介所承载的内容和思想。

实际上,在晚清妇女解放风潮出现以前,明朝就出现过具有现代意味的妇女解放思想。明末,随着社会动荡的加剧,诗文和戏剧中出现了挑战传统性别秩序和道德伦常的观念。其中的代表人物是"离经叛道"的李贽。李贽公开表达对男女性别等级观念的蔑视,倡言男女平等,鼓励妇女再嫁;肯定女子的才能,认为女子应有和男子一样的受教育权利,从而消除男女两性在婚嫁、教育问题上的区别对待,将女性提升到与男性同等的地位。李贽之后,也有不少士大夫在妇女问题上不同程度地提出反传统的见解。吕坤意识到传统礼教对于男女约束的不平等,认为礼教"严于妇人之守贞,而疏于男子之纵欲",是"圣人之偏"。汤显祖通过"杜丽娘"这一角色歌颂冲破传统礼教的女子。袁宏道在《秋胡行》中写下"妾死情,不死节"的反叛之声。谢肇淛甚至直接向传统婚配制度发起冲击,认为在男女关系上,不但可以"夫择妇",而且"妇亦择夫"。这类宣扬男女平等、关注女性生存及婚配权利、褒扬女性才智的言论在晚明虽然不是主流,但并不少见,并且形成了一股思潮,某些思想甚至比清末更为激

---

① 约书亚·梅洛维茨.消失的地域:电子媒介对社会行为的影响.[M].肖志军,译.北京:清华大学出版社,2002:12.

进。陈宝良①、王雪萍②等均认同中国妇女解放思想的萌芽自晚明始。

然而,这些思想的社会反响平平淡淡,甚至与初衷背道而驰。明末确实出现了一些敢于挑战传统性别秩序和礼教规则的女性,例如焦竑在《我朝两木兰》中记载的女扮男装外出经商的女子和在诗文上颇有造诣的草衣道人王微等。但这些个案终究是凤毛麟角,明朝绝大多数女性在国家旌表制度和忠贞观念的束缚下,自愿或不自愿地践行极度扭曲的贞烈行为,明末士大夫们的妇女解放言论并没有对妇女的生存境况产生多少实质性的影响。杜芳琴指出,明朝的妇女贞节道德之严苛达到了无以复加的程度③。李贽等人的思想在强大的社会习俗和道德观念面前,被斥为异端而遭到压制。

晚明被称为"天崩地解"的社会,与晚清在社会背景上有一定的相似之处,异族入侵、社会动荡剧烈,这些因素对于颠覆性新思想的传布应该是有利的。但同样是精英知识分子的倡导,同样是追求男女平等、个人权利的论说,却并未像清末在思想和社会实践两个方面均形成声势浩大的社会潮流。类似的思想观念,借助明末的诗文戏剧和晚清的报刊,却促发了截然不同的社会变革,这种差异是不应忽视的。少数研究注意到这个问题,但受制于媒介工具论的视野,仅仅将这种差异归于媒介抵达受众的多寡——报刊比书籍、戏剧面向更多受众,因而引发更大的社

---

① 陈宝良.明代中后期妇女解放思潮论纲[J].天府新论,1989(1).
② 王雪萍.论晚明士人的"尊女"观[J].西南大学学报(社会科学版),2018(4).
③ 杜芳琴.明清贞节的特点及其原因[J].山西师大学报(社会科学版),1997(4).

会反响。但这种解释并没有触及不同媒介技术的本质。正如马歇尔·麦克卢汉(Marshall McLuhan)所言:"它忽视了媒介的性质,包括任何媒介和一切媒介的性质。"①

(一) 媒介:通达新世界的"装置"

兰登·温纳(Langdon Winner)认为:"人与人造工具的遭逢不能被总结为仅仅(或甚至主要)与'使用'有关。你必须注意到,在一个工具具备任何实用性之前,人必须为它作出某种调整。你必须认识到,为了在生活过程中与工具相适应,要求个人和社会具备哪些行为模式。"②人与媒介的关系,不仅是使用与被使用,而且是相互介入、生成和改变。因此,我们不仅要关注人用媒介做什么,还要关注媒介使人做了什么。而要探讨媒介使人做了什么,需要先转换看待媒介、看待传播的视角。

将报刊视为启蒙工具的观念源于传播学的再现范式。再现范式默认,在媒介之外存在一个唯一的、先在的社会,而传播活动仅仅是对社会现实的一种再现。媒介在再现范式中被视为"容器"或"载体",人们用它来完成线性的信息传递过程。再现范式将研究导向一种"观念中心论",似乎"精神是一种自动推进的力量,它有能力独自发挥作用,其外部不需要有物质媒介化"③,换言之,在传播过程中,信息内容是最重要的。在这种

---

① 马歇尔·麦克卢汉.理解媒介——论人的延伸[M].何道宽,译.北京:商务印书馆,2000:37.
② 兰登·温纳.自主性技术:作为政治思想主题的失控技术[M].杨海燕,译.北京:北京大学出版社,2014:168.
③ 孙藜."版面"之物:"媒介"想象中的超越与返归[J].新闻记者,2018(12).

"使世界服从于主体"的"形而上学的自我中心主义"的视野下①,媒介被视为人使用的工具,服务于满足主体的观念或需求。这也是上述绝大部分研究的基本思路。

然而,对于媒介仅仅是"容器"或"载体"的质疑从未停止。恩斯特·卡西尔(Ernst Cassirer)认为,"随着人们象征性活动的进展,物质现实似乎在成比例地缩小。他们把自己完全包裹在语言形式、艺术形象、神话象征或宗教仪式之中,以至于不借助人工媒介他们就无法看见或了解任何东西"②。或许正如唐·伊德(Don Ihde)所说,当人们习惯了戴眼镜看事物之后,眼镜就在意识中退缩到"边缘地位",过于依赖媒介反而使人们忽略了媒介的存在。但这恰恰说明媒介的举足轻重,人们不仅通过媒介观看世界,在观看的过程中,媒介已经成为人与人、人与世界、人与自我的中介物。换言之,媒介不是外在于世界,而是实实在在地介入了世界。西皮尔·克莱默尔(Sybille Krämer)更进一步,将媒介定义为"装置":"工具和机器是我们用来提升劳动效率的器具,而技术的媒介却是一种我们用来生产人工世界的装置。它开启了我们的新的经验和实践的方式,而没有这个装置,这个世界对我们来说是不可通达的。"③媒介向我们展示的不是一个一成不变的客观世界,而是一个经由媒介建构的世界。媒介不仅反映现实,还建构现实。媒介作为一种社会变革的动力要素,参与新世界的建构。

---

① 孙藜."版面"之物:"媒介"想象中的超越与返归[J].新闻记者,2018(12).
② 恩斯特·卡西尔.人论[M].甘阳,译.上海:上海译文出版社,2013.
③ 西皮尔·克莱默尔.传媒、计算机、实在性:真实性表象和新传媒[M].孙和平,译.北京:中国社会科学出版社,2008:7-8.

对于晚清的国人而言,现代报刊是一种前所未见的新媒介。报刊这种新媒介如何建构一个新世界,如何开启"我们新的经验和实践方式"? 许多学者试图从不同的面向回答这个问题。阿尔弗雷德·舒茨(Alfreed Schütz)将人的社会世界划分为"周遭世界""前人世界"和"共同世界":"周遭世界"就是"在场"或"对日常生活的特殊对象的亲知";在"前人世界"里,与我们相遇的是前辈——"前人世界,又称为历史,对这个世界,我只能观察而不能行动",因为它"在原则上和本质上乃是不变的、完成的和成为过去的";对人类集体生活更为重要的是"共同世界",在这里,与我们相遇的是"同时代人","虽然他我的身体固然不呈现出来,也就是不具有时间和空间上的直接性,但是我知道他和我共同存在,他的意识体验和我的意识体验一同前进着"。[①] 我们经由自己有限的具身实践来感知周遭世界,我们经由书本典籍来感知前人世界,而报刊,也只有报刊,才能将人们带入一个共同世界。

经由报刊,人们进入一个共同世界,同时获取并分享对于这个新世界的认识和理解。西皮尔·克莱默尔指出:"传媒不仅服务于信息的传达,更重要的还在于传媒本身——以各种方式——必然地参与到信息的内容中,传媒从根本上被赋予了参与生产意义,而不仅是传递意义的力量。"[②] 詹姆斯·凯瑞(James Carey)从传播的仪式观出发,认为传播不是指分享信息

[①] 阿尔弗雷德·舒茨.社会世界的意义构成[M].游淙祺,译.北京:商务印书馆,2012:181-284.
[②] 西皮尔·克莱默尔.传媒、计算机、实在性:真实性表象和新传媒[M].孙和平,译.北京:中国社会科学出版社,2008:64-65.

的行为,而是共享信仰的表征①,因此,媒介不仅生产意义,还使得人类共享意义成为可能。共享意义对于人类社会关系的维系至关重要,因为人们共同生活在有意义的世界中,只有基于对意义的相互理解,人类才可能达到共享和参与,才能"以互动的方式赋予这个灵动而抗拒的世界以充分的一致和秩序"②。报刊生产并分享关于这个世界的意义,而一切的社会行动只有基于对世界的共同理解才得以可能。

经由报刊,人们感知并试图理解一个全新的生活世界,获得行动的依据。全新的社会感知也影响个体的认知结构,以及不同主体与其他主体或者与环境产生关系的行为和方式③。随之而来的是新的经验与实践方式,以及新的社会关系形式。马歇尔·麦克卢汉说:"媒介是人的延伸,我们的任何一种延伸(或曰任何一种新的技术),都要在我们的事务中引进一种新的尺度。"④就报刊带来的新的经验尺度和关系形式而言,约翰·汤普森(John Thompson)指出报刊这种大众媒介"可以代理在物理空间缺席的他者,或者对置身于遥远场所的他者做出反应"⑤。在这个意义上,报刊"重构感知和经验的时空参数,从而使我们能够'远距离地'看到、听到甚至有所行动"⑥,普通个体完成了

---

① 詹姆斯·凯瑞.作为文化的传播[M].丁未,译.北京:华夏出版社,2005:7.
② 詹姆斯·凯瑞.作为文化的传播[M].丁未,译.北京:华夏出版社,2005:63.
③ 唐士哲.重构媒介?"中介"与"媒介化"概念爬梳[J].新闻学研究,2014(10).
④ 马歇尔·麦克卢汉.理解媒介——论人的延伸[M].何道宽,译.北京:商务印书馆,2000:33.
⑤ John B. Thompson. The Media and Modernity: A Social Theory of the Media [M]. CA: Stanford University Press, 1995:4.
⑥ 斯科特·麦奎尔.媒体城市[M].邵文实,译.南京:江苏教育出版社,2013:6.

对自我定位的重新确认,并获得了改变身处其中的、正在发生的社会现实的能力。约翰·汤普森强调报刊塑造出不同于面对面交谈的新关系,根本转变了"社会生活的时空组织,创造了行动和互动的新形式、运作权力的新模式,即无须连接于共同在场"①。在这个过程中,新的关系模式甚至社会秩序逐步确立。

(二)报刊:晚清妇女解放的动力机制

晚清中国被李鸿章称为"数千年未有之变局"。现代报刊经由传教士的引进,迅速取代书籍,成为社会的主导媒介。大部分研究着眼于报刊中的人权、平等、公义等观念对中国人头脑和思维的冲击,却忽略了最先与前现代中国人相遇的是现代报刊本身。我们必须看到报刊介入晚清中国社会的方式:不仅是一种更高效的信息载体,更像是开了一扇时空之门,将国人卷入了一个从未经历过的新世界。报刊建构了一个共有世界,并使人们共享关于这个世界的基本理解。报刊让人们可以对置身遥远场所的人和事做出反应,并由此获得全新的感知和经验的时空参数,重新确认自己与社会的相对位置,创造出不同于面对面的全新互动关系和行动模式,以及基于此的集体想象。正是在这些丰富的多维度层面,报刊成为詹姆斯·凯瑞所说的"建构、维系、改变现实"的"神圣仪式",在自我认知、交往方式、权力秩序、文化认同等多个层面,成为这个数千年未有之变局的动力要素之一。

作为晚清大变局的表征之一,甚至是最重要的表征之一的

---

① John B. Thompson. The Media and Modernity: A Social Theory of the Media [M]. CA: Stanford University Press, 1995: 4.

妇女解放，报刊在其中发挥的功用不仅仅是"传达精英知识分子的思想精华"。观念传递、知识启蒙当然是重要的，但"启蒙"并不是妇女解放这个社会过程的唯一面向，社会关系、实践方式、权力秩序等社会变革对于晚清妇女解放的进程同样重要。对于晚清的精英知识分子来说，报刊确实是作为一种启蒙工具被推向女性群体，而女性群体也因报刊中与自身相关的议题开始注意和接近报刊。除了新知识的传递，报刊在介入女性生活及整个晚清社会的过程中，也必然会"引入一种新的尺度"。而随之而来的女性在自我认知、行动模式以及身处其中的社会关系、权利秩序等层面的深刻变革才是报刊之于晚清妇女解放更重要的"功用"和价值。

三、研究问题

此前的相关研究看到了报刊与晚清妇女解放的密切关系，但囿于传播的"再现范式"和"反映论"，未能深度发掘报刊作为一种"新的媒介技术"的性质。即使是以报刊为主线来叙述晚清妇女解放的报刊史、新闻史研究也未能突破上述视角的限制，虽然是报刊史，却依然偏执于"观念"的历史，在知识启蒙的路径中，将这段历史书写成精英知识分子通过报刊将先进思想播植于女界的历史，在这样的视野下书写的报刊史、新闻史，实际上等同于观念史、思想史。

而媒介的"反映论"定见其实早已被颠覆。英尼斯从传播技术的角度重新书写人类文明史时，就已经揭示出媒介的更替可能带来的深刻社会变革,并提醒我们,媒介正是深藏于历史进程、社会组织和人类感知等一系列变化背后的推动力量。因此,重新理解报刊,正是海德格尔所言的,试图触及技术本质的方式。

报刊作为晚清社会的主导媒介,以前所未有的方式深刻地嵌入国人的社会关系和日常实践方式中,如果仅仅将报刊看作信息载体和观念容器,则无法揭示这些深刻变革。因此,需跳出媒介反映论的窠臼,在充分理解其作为传播技术的特殊性质的基础上,将报刊视为社会变革的一种动力要素来考察。同时,要理解麦克卢汉说的"媒介的性质",不仅要理解报刊区别于其他媒介(如口语、书籍等)的性质,也要理解不同报刊的性质。这里所说的性质不是报刊背后的组织团体的性质或报刊的政治偏向等性质,因为这些性质依然是以报刊文本和内容来判断的。人与媒介的关系,是相互介入、生成和改变。一方面,报刊在改变人类实践的方式;另一方面,人类实践也在生产和形塑着不同的报刊。因此,放之四海而皆准的报刊样板其实并不存在。报刊介入晚清中国,在中国传统文化基质的影响下,呈现出与西方报刊不同的媒介形态与实践方式,而这种独属于晚清的报刊实践,所参与建构的社会现实也因此呈现出一些独特的属性。

基于上述理论预设,本书从"传播技术——报刊"的视角来重新书写晚清妇女解放的历史,将媒介视为社会变革的动力要素,研究对象从报刊所承载的思想言论拓展至报刊这个媒介本身。即,除了传递信息和观念,作为晚清出现的新媒介,报刊在介入晚清女性生活及她们生活其中的整个晚清社会时,带来了哪些变革?

具体来说,这一问题需要从以下三个方面来考察。

第一,考察报刊与晚清女性生存境况的关系。不仅要关注人用媒介做了什么,在本书的理论预设下,更要关注媒介使人做了什么。报刊介入后,晚清女性的自我认知、社会想象、互动关系和日常实践方式等方面发生了哪些变化?这些变化是否可以阐释晚清妇女解放是何以可能的?

第二,考察报刊与晚清妇女解放整体进程的关系。本书认为不仅要关注报刊如何促进、推动了这个进程,更应关注报刊如何形塑了晚清妇女解放的整体面貌。由报刊开启的新世界必定也要受到报刊实践的制约,晚清妇女解放区别于西方妇女解放的那些独特议题和实践方式,是否以及如何受到晚清主导媒介报刊的影响和制约的?

第三,考察报刊与整个晚清社会转型的关系。如果承认妇女解放是晚清社会转型的表征之一,那么妇女解放问题就无法与整个晚清社会的变化相脱离。实际上,妇女解放的目标和手段就是用一套新的社会秩序来替代旧的社会秩序。那么报刊如何在晚清重新确立了性别秩序以及与之相关的权力秩序?

简言之,报刊在介入晚清妇女解放过程时,是如何规定了与之相关的内容的组织和呈现形式,主导了人们接收和体验的方式,重组了人与人及人与现实的关系,又如何影响了女性的思想、行为和整个社会运动的路径、样貌?

四、概念、方法与史料

(一) 概念界定

对于近代中国女性而言,"解放"是至关重要的概念之一。

在1900年以后的文献中,"解放"一词常出现在有关妇女问题的论述中。尽管"解放"的词义外延和适用语境一直处于变动之中,但基本上该词义的内核是相对稳定的。"解放"的意义,恰恰因为人们将之置于"困顿"的对立面。中国传统女性面临的最大困顿,表现为"幽闭"的命运和处境:在空间层面被要求幽居内闱,在话语层面必须遵守"男不言内,女不言外"的戒律。

秦方将清末民初的妇女解放实践直观地描述为从"幽闭"到"出走":19世纪后半叶,整个中国社会逐渐完成了从尚"幽"到抑"幽"的话语转变。在传统中国社会,尤其是在宋朝以后,随着儒家思想的世俗化,传统女性多有意识地以幽、娴、贞、静为道德行为规范①。对"幽闭"的批判,最早见于19世纪70年代的传教士报刊,此后,传统妇女的幽闭在晚清人士的论说中主要呈现贬义色彩,从一种美德变成困顿、束缚的同义词②。"解放"在晚清妇女问题相关的语境中,主要作为"幽闭"的反义词被使用。因为"幽闭"最为直观地表现为家庭对女性的空间束缚,所以"出走"(从隔绝的内闱走向公共空间)成为"幽闭"的直接解决方案。

本书探讨的妇女解放是作为一种历史过程的妇女解放,是发生在晚清这个社会语境中的中国妇女解放,以女性从家庭到社会的跨越为直观表征,而非西方社会性别理论或阶级理论中的一个理论概念。因此,晚清女性"出走"的过程,就是本书所

---

① 秦方.从幽闭到出走——清末民初女性困顿-解放话语形成及实践[J].妇女研究论丛,2017(4)..

② 秦方.从幽闭到出走——清末民初女性困顿-解放话语形成及实践[J].妇女研究论丛,2017(4).

探讨的妇女解放的基本意涵。

需要说明的是,本书讨论的女性"出走"并不是五四运动之后衍生于易卜生《玩偶之家》的"出走"概念。五四运动之后的女性"出走"指向一种出于对家庭男性权威的反抗,因而完全抛弃家庭关系以脱离父亲或丈夫掌控的决绝状态。而晚清的女性"出走"并不包含对家庭关系的弃绝。晚清女性的"出走"直观地指向妇女解放从零开始的第一步:女性从家庭走向社会、从内闱走进公共空间、以社会中的独立个体的身份自立自养的过程,这个过程与传统中国女性的幽闭状态截然相反。这看似简单的一步,背后是社会对于女性价值判断的革命性变化,以及社会道德风尚的转移、社会结构的转型等深刻而复杂的因素。

本书选择晚清(1840—1911)上海地区的报刊和女性群体作为考察对象。1840—1911 年是近代史研究中通常界定的晚清时期。选择这段历史时期,是因为作为清朝政府统治的后期,晚清时期的历史发展是两千年中国古代文明的自然延续;作为中国近代历史的开端,晚清被称为"数千年未有之变局",也是时人口中的"过渡时期"。从妇女史相关研究来看,对中国妇女史抱持"2 000 年压迫与 100 年解放"观点的研究者将晚清时期作为中国妇女生存状态的转折点;从新闻史相关研究来看,报刊正是在晚清随着传教士的活动逐渐进入国人的生活,并取代书籍成为晚清中国社会的主导媒介。因此,这段历史时期可以为考察媒介对于女性生存境况的影响提供丰富的素材。

选择上海地区作为研究样本,是基于以下考量。上海是晚清中国妇女解放实践相当突出的城市。熊月之指出晚清上海社会妇女生存状况的五个特点:妇女就业人数较多,出入社交场所较早且较普遍,初步获得婚姻自由,发起并推广不缠足运动,女学普及与女报众多①。晚清上海出现过许多女性历史上的"第一",如不缠足运动的发轫、1897年12月6日张园中西女士百人大聚会、中国第一个女学堂、中国第一份女报等②,多姿多彩的晚清上海女性生活成为学术研究的宝藏。在此前的相关研究中,晚清上海的女性群体也常被作为独立的特征群体来研究与考辨。上海也是晚清时期中国报业最发达的地区。弗雷德雷克·哈迪(Frederick Hardy)③写于1901年的《清国报业见闻》记述了作者走访上海报业的印象。从作者的记述看,上海作为当时中国报业最发达的地区,已经呈现出现代报业的雏形。晚清上海作为中国妇女解放和报刊实践最为活跃的地区,对于本书的研究议题是非常具有典型意义的样本。

(二) 研究方法

本书属于报刊史研究,但有别于仅着眼于内容和观念的报刊史。传统的报刊史书写是"以工具论为前提,以报刊性质为尺度,以报刊内容和观念为重点,从中显示报刊对于社会的作用以及社会对之的影响"④。本研究试图转换视角,补充此前研究中所忽视的媒介/传播技术及其与社会变革的关系。正如安德烈-乔治斯·奥德里库尔(André-Georges Haudricourt)所说:"表

---

① 熊月之.晚清上海:女权主义实践与理论[J].学术月刊,2003(11).
② 熊月之.晚清上海:女权主义实践与理论[J].学术月刊,2003(11).
③ 弗雷德雷克·W.哈迪.清国报业见闻//郑曦原.帝国的回忆:《纽约时报》晚清观察记[M].李方惠,等译.北京:生活·读书·新知三联书店,2001:111-118.
④ 黄旦.媒介再思:报刊史研究的新路向[J].新闻记者,2018(12).

现一种学科特征的是观点,而不是研究对象。"①相比于研究对象,研究的视角可能更具价值。从这个意义上来说,在媒介反映论的视角下着眼于观念和内容的报刊史书写并没有为晚清妇女解放研究提供多少独属于新闻传播学的新发现,而是对思想史、观念史的补充。海登·怀特(Hayden White)说:"叙事与其被当作一种再现的形式,不如被视为一种谈论(无论是实在的还是虚构的)事件的方式。"②从新闻传播学的视角,谈论历史的方式应该与其他学科有所不同。

本书在研究视角上以报刊(媒介)为焦点。这意味着报刊不再被视为透明的载体,而是西皮尔·克莱默尔所说的作为"装置"的技术。在此意义上,技术并不是一种"合目的"的工具,技术与人的关系可能正相反。白馥兰(Francesca Bray)在《技术、性别、历史:重新审视帝制中国的大转型》中已经开始从技术的角度考察中国社会的性别秩序和权力构成。她认为,"技术所承担的最重要的工作便是产出人以及构建人与人之间的关系"③。同时,媒介是历史的,不同时期与类型的媒介有不同的实践方式。这就需要对晚清的报刊及其形塑社会现实的方式做历史的、具体的考察。本书在叙事方式上以媒介实践为进路。正如兰登·温纳的告诫,人在技术关系内被束缚,"人与人造工具的遭逢不能被总结为仅仅

---

① 转引自雷吉斯·德布雷.媒介学引论[M].刘文玲,译.北京:中国传媒大学出版社,2014:3.
② 海登·怀特.形式的内容:叙事话语与历史再现[M].董立河,译.北京:文津出版社,2005:3.
③ 白馥兰.技术、性别、历史:重新审视帝制中国的大转型[M].吴秀杰,白岚玲,译.南京:江苏人民出版社,2017:6-7.

（甚至主要）与'使用'有关"①。媒介实践所关注的，不仅是"人用媒介做了什么"，还有"媒介使人做了什么""形成了何种传播形态""由此产生了何种改变"。在这个意义上，媒介成为构成、推动人类实践的基础要素，"对人类的生产能力也产生了各不相同的影响。这些影响体现在个体特别的认知结构、人类社会关系的正式模式与控制这些领域的传播形态或传播系统的密切关系上"②。

本书还在一定程度上借鉴了阅读史的研究方法。要考察"媒介使人做了什么"，不能仅关注报刊创办者和使用者，虽然这部分材料是最易得的也是更充分的，但有阅读史的补充，更能显示研究的丰富性。米歇尔·德·塞托（Michel de Certeau）说："不管是报纸还是普鲁斯特的作品，文本只有通过读者才能获得意义；它依读者而改变；它根据某些挣脱其怀抱的感知编码而组织自身。"对阅读进行研究，将消除一个"被广泛运用的假设，即一个消极的、被提供信息、被处理、打上烙印并且没有历史角色的公众的存在"③。阅读作为一种日常实践，也是报刊介入大众生活、改变人们的认知结构和行为模式、重构交往关系的基本机制。但由于报刊的阅读群体庞大且构成复杂，并且由于阅读本身是一种相对个人化的实践，留存的资料较少，很难呈现完整的报刊阅读群体及其阅读实践，因此，本研究着眼于一些典型个

---

① 兰登·温纳.自主性技术：作为政治思想主题的失控技术[M].杨海燕，译.北京：北京大学出版社，2014：168.
② 戴维·克劳利，保罗·海尔.传播的历史：技术、文化和社会[M].5版.董璐，等译.北京：北京大学出版社，2011：2.
③ 米歇尔·德·塞托.日常生活的实践[M].方琳琳，等译.南京：南京大学出版社，2009：260-264.

体的阅读实践,以此作为报刊史的补充。

在具体的研究过程中,本书将采用文献研究和个案分析等史学研究方法。文献研究法是基于现有史料,在甄别和整理史实细节的基础上完成推论与分析。个案分析法则是围绕史料中的典型个案展开史实挖掘,并对其进行系统的分析与阐释,以实现"窥一斑而知全豹"的研究目的。本书在报刊案例的选择上,注意点面结合,在呈现报刊如何改变和推进妇女解放的实践过程的同时,也选择在关键节点上对于整个进程具有关键意义的报刊及其相关实践做个案分析。

(三)史料选择

本书选择对晚清上海妇女解放运动产生重要影响和关键意义的报刊作为第一手资料,但并不限于通常意义上的女报,例如《申报》的竹枝词和广告就经常作为史料应用于妇女研究。许多画报、小报、商业报刊对于女性问题的关注和表达甚至比专为女性创办的报刊更值得注意,因为这类报刊通常将女性问题置于日常生活语境中而非单纯的政治语境中,所以这类报刊对于考察女性的日常生活实践及其变化可能更有价值,也更契合本书的研究目的——考察报刊对女性日常实践及交往关系的作用。

报刊既是重要的史料,也是本书的考察对象。除了通过阐释报刊文本来观照报刊及围绕报刊的相关实践,还需要其他材料的佐证和补充。因此,报人、读者的日记和信件也是重要的参考资料,同时也是阅读史常用的史料。晚清的报刊中,大多设有通信栏。公开发表的书信,通常对公共问题发表个人意见,极具个人化属性的同时也兼有公共意义,对于考察个体实践及其与社会变革的关系有较大价值。日记是建构和呈现自我的叙述方式,相比书信,更易通往读者心灵,对于考察个体认知变化有重要意义。

第二章
女性的现身：从不可言说到舆论中心

一、"阴阳"与"内外"：被藏匿的传统女性

（一）女性位序：从"阴阳"到"内外"

汉语中的性别源自"阴阳"的宇宙观。《周易》有云："天尊地卑，乾坤定矣""乾道成男，坤道成女"。这表明自然秩序中就有尊卑上下，而以天地阴阳比附男女关系，并不是基于生理的差别，而是一种与天理相联系的不可颠覆的秩序。

在汉语语境中，"秩序"是先于"人"的。孟子有言："无父无君，是禽兽也"，意为眼里没有父母、君主的人，与禽兽无异。父母在这里并不是生理意义的"人"，而更加强调夫妇之道所衍生出的秩序，人就存在于秩序之中。在《大学》中，夫妇之道还是推演出家庭、国家、天下等一切秩序的核心和前提："大学之道，在明明德，在亲民，在止于至善……古之欲明明德于天下者，先治其国；欲先治其国者，先齐

其家。"①

宋明之后,这套关于秩序的话语进一步形而下为更加严苛的三纲五常,礼教的日常仪式强化了男女之别,并形成内外之分的生活秩序。朱熹与弟子刘清之合编的《小学》甚至细致地规划了女性的作息规范。男女之别在实践上具象化为内外之别。

(二)藏匿女性:内外之别的具象化实践

内外之别的实践规范最先体现在空间治理的层面。理学家们不仅事无巨细地规定了严守妇道的各种行为规范,还为妇道划定了实践的场所——内闱。内闱在空间概念上并不等同于家庭,而是家庭之中女人的属地。父权至上的宗法家庭不仅将女人藏匿起来,还藏匿在家庭最深处。对于家政事务的具体操作,女主人有一定的权力,但还是男人拥有最终的话语权。女人被隔绝在社会事务之外,即使在家庭领域,也是内外各处、男女异群。《礼记·内则》早有规定:"外内不共井,不共湢浴,不通寝席,不通乞假,男女不通衣裳……道路,男子由左,女子由右。"②宋朝以后,大家族的家规族法中关于男女两性的空间隔离措施更加常见。家庭并非女人的自在天地,大家闺秀不得轻易光顾自家花园,不宜在厅堂露面,女性的行动空间就被限定在狭小的闺房中。圈定她们的行动空间甚至还不够,还要限制她们的行动能力,于是,缠足得到推广。隐匿于内闱成为严守妇道的要求和表现。

---

① 戴圣.礼记[M].陈澔,注.上海:上海古籍出版社,2016:668.
② 戴圣.礼记[M].陈澔,注.上海:上海古籍出版社,2016:315.

除了空间上的隔离，内外之别还体现在话语领域，尤其是政治话语领域。在汉语的语境中，没有单独的个人，而是强调人与人之间的关系和秩序。界定一个"个体"，主要基于与他相关的其他个体的位序。因此，女性与男性是一对无法分割的概念，这也是男女生于阴阳的奥义——男女有别但阴阳互济，性别秩序强调的是男女各得其正，"位正"才能使夫妇之道天长地久。因此，对于女性的约束同时也包含对男性的规定，"男不言内，女不言外"是需要男女两性共同遵守的行为规范。"女不言外"的规定来自对女子才能、智识的轻视和对女子本性的不信任，朱熹就认为"妇人以无非无仪为善，无所事哲。哲则适以覆国而已"①。"男不言内"背后的理由则比这严重得多——女子是危险的，因为她们被认为与人欲相关联。

夫妇之道作为人伦之首，从来不是一种单纯的私人关系，宋明以降，甚至修炼成一门近乎天理的道德学问。夫妇居室之间，就是天理生成之所。而唯一的不稳定因素似乎就是女性，理学家们深知道德与政治之间难以消弭的鸿沟，产生了对政治秩序与宇宙秩序能否无缝对接的忧虑，爆发出"存天理灭人欲"的呐喊，而家庭秩序作为政治理想破产之后保全天理的最后一道防线，便成了理学家们实现"存天理灭人欲"的最佳场所。女性与人欲相关联，成为天理的对立面，就是她们必须被藏匿的理由。因此，在政治文化领域拥有话语权的男性，那些追求"修齐治平"的君子们是不可能在"人"的层面谈论女性的。即便谈论，女性也已经成为一个抽空喜怒哀乐的道德符号。那些进入史志的烈女，不过是用毕

---

① 朱熹.诗集传[M].上海：上海古籍出版社，1980：220.

生的压抑和顺从活成了天理本身。藏匿女人从汉代《礼记》中的行为规范,逐渐上升为准宗教化的生命仪式。

如果说在女性主义理论中,生理性别与社会性别的概念区分是为了找出权力运作痕迹,那么汉语中的"性别"则屏蔽了这道痕迹,没有给关于女人的学、问、思、辨留下任何空间①。藏匿女人并非强制,而是顺应天理。女性的身体连同喜怒哀乐等生命体验全部被藏进内闱。在"人"的意义上,女性几乎被抹除了,"成为女人"意味着成为一个空洞的道德符号。

二、中西之别:现代报刊与女性的现身

女性在既有的社会系统内是隐匿的,不论是在肉身意义上还是在话语意义上。夫妇关系、父子关系、君臣关系的无缝衔接阻止了女性言说与被言说的可能性——不仅女性处于完全的失语状态,男性也出于"存天理灭人欲"的道德约束而对于女性的生存境况讳莫如深。那么,这种状态为何在晚清被打破了?晚清的士大夫们是如何开始在公共论域谈论作为"人"而不是作为道德符号的女性的?

(一)传教士报刊与中国女俗

费孝通在谈论中国传统社会时说:"社会秩序范围着个性,为了秩序的维持,一切足以引起破坏秩序的要素都被遏制着。

---

① 张念.性别政治与国家:论中国妇女解放[M].北京:商务印书馆,2014:42.

男女之间的鸿沟从此筑下。乡土社会是个男女有别的社会,也是个安稳的社会。"①传统社会秩序背后整全的道德逻辑使得这种安稳似乎无法从内部打破。既有的文化、道德系统已经发展出一套自圆其说的"藏匿女性"的理由。要在严密的伦常体系中撕开一个缺口,只能寄希望于外部因素。现代报刊介入晚清中国,就是一种足以打破原有秩序的外部因素。

　　学界一般把废缠足与兴女学当作中国妇女解放的起始,但废缠足与兴女学又有一个"西方源头"②。为表现基督文明的优越,也为了方便传教,外来的传教士报刊最先打破中国传统话语领域对于女性问题的缄默,提出"释放女人"。

　　《东西洋考每月统记传》在1837年2月登载的《姪外奉姑书》一文最先将批判的目光对准了中国女性的缠足风俗。主编郭士立的传教活动当时并未得到中国官方的认可,依然受到禁教政策的严格限制,"中国由于严禁令及对外国人难以理喻的妒忌心而国门紧闭,不允许耶稣的仆人用活生生的声音一面解说福音,一面遍游该国,甚至在国境上对耽于偶像崇拜的万民发出规劝其悔改的呼声也做不到"③。当时的国人固执于"夷夏之辨",将外国人视为蛮夷。在这种情况下,传教士顾忌清政府对传教活动的态度,试图突破言禁,同时又要扭转晚清中国人妄自尊大的心态。

　　因此,《东西洋考每月统记传》对于中国现状的批判显得颇

---

　　① 费孝通.乡土中国·生育制度[M].北京:北京大学出版社,1998:47.
　　② 杨剑利.国家建构语境中的妇女解放——从历史到历史书写[J].近代史研究,2013(3).
　　③ 谭树林.《察世俗每月统记传》研究//黄时鉴.东西交流论坛:第2集[M].上海:上海文艺出版社,2001:189-205.

为小心翼翼,"它将不谈政治,避免就任何主题以尖锐的言词触怒他们。可有较妙的方法表达,我们确实不是蛮夷……编者偏向于用展示事实的手法,使中国人相信,他们仍有许多东西要学"①。《东西洋考每月统记传》在述及中国妇女的缠足风俗时,并不直接抨击缠足之恶,而是援引英国妇女的生活状态作为对比,相对隐晦地批评中国女俗:"恐女不能走行,极害于身,故视步出莲花,不惟践踏脚稳,非为踽丽之态,故不拧脚筋矣。"②这种以平稳的语调论述事实的风格一直在传教士报刊中延续。《遐迩贯珍》刊载的《日本日记》《瀛海再笔》《琉球杂记述略》三篇文章都提及外国妇女的生活状况,"男不贸易,妇女为之,以货易货,辛苦经营",女子"率用横担,垂于两肩,负之殊不费力"③,外国妇女的矫健身姿与中国缠足妇女的孱弱无力形成鲜明对比,间接表达了对缠足陋俗的批判。

或许是十几年间传教士报刊孜孜不倦地灌输知识和阐扬宗教,国人对于报刊向他们展示的西方文明世界不再一味地排斥和鄙夷,一些知识分子开始对西方文明心生向往。作为第一批通商口岸之一,上海相对包容的文化环境和特殊的行政治理格局为传教士们的活动提供了便利。1868年创刊于上海的《中国教会新报》开始直言不讳地鼓吹西式文明的优越,批判中国社会的落后。1874年更名为《万国公报》后,其教会色彩日益淡薄,从侧重传教演变为侧重刊登政治时事内容,被时人称为"西

---

① 爱汉者.东西洋考每月统记传[M].黄时鉴,整理.北京:中华书局,1997:导言.
② 爱汉者.东西洋考每月统记传[M].黄时鉴,整理.北京:中华书局,1997:201.
③ 罗森.日本日记.遐迩贯珍[N].1854-11.

学新知之总荟",在当时的中国士大夫群体中颇受重视。从《万国公报》的报道来看,那些不可理喻的传统女俗正是中国人不够开化的明证:"西方文明教化之国,其待女人皆平等,东方半教化之国,其待女人皆不平等,若在未教化人中,则其待女人,直与奴仆牲畜无异矣!中华为东方有教化之大国,乃一观其看待女人之情形,即可明证其为何等教化之国矣!"①

《万国公报》也是传教士报刊中对于中国女性问题关注最多的。主编林乐知认为中国对待女性有三大恶俗:"一为幽闭女人,二为不学无术,三为束缚其足。前二端,为东方诸国之所同,后一端,为中华一国之所独。"②以缠足为例,"究之作淫巧残形有百害无一利,未有如缠足之甚者"③。据周晓玲统计,在《万国公报》上发表的有关女性观念的207篇文章中,论述反缠足观点的文章就有43篇,所占比例约为20.7%,内容涉及缠足之因、缠足之害和放足之效几个方面,进而提出从脚开始,"释放女人"④。

《万国公报》尽管在语言风格上比前述传教士报刊更为直接,但在叙述问题时依然沿用《东西洋考每月统记传》《遐迩贯珍》等报刊展现事实的方式。传教士们相信,批判不足以让他们眼中愚昧的中国人觉醒,不如如实地呈现世界各地的情形更

---

① 林乐知撰.任保罗述.论中国变法之本务//李又宁,张玉法.近代中国女权运动史料:上[M].台北:龙文出版社股份有限公司,1995:389—390.
② 林乐知撰.任保罗述.论女俗为教化之标志//李又宁,张玉法.近代中国女权运动史料:上[M].台北:龙文出版社股份有限公司,1995:397.
③ 林乐知撰.任保罗述.论中国变法之本务//李又宁,张玉法.近代中国女权运动史料:上[M].台北:龙文出版社股份有限公司,1995:389—390.
④ 周晓玲.近代来华传教士报刊与中国女性观念启蒙[D].沈阳:辽宁大学,2011.

有说服力。于是,《万国公报》持续且系统地报道欧美地区妇女的生活状况,代表文章有《全地五大洲女俗通考序》《论欧洲古今女人地位(希腊女人之地位和罗马女人之地位)》《瑞典女子之地位》《纽西兰女子之地位》等①,讲述欧美妇女的婚姻、教育情形和在各行各业中活跃的情况,如美国"女医外出"和英国"女子从军"②等新闻,并且将一些西方杰出妇女人物介绍给国人,如德国天文学家汉嘉禄林、法国女画家濮耨等,让中国女性知道世界上还有另一种"女人",她们还有另一种生存方式。

《万国公报》及其所代表的传教士报刊为什么关注中国女性,学界对此已有讨论。郭佩兰(Kwok Pui-lan)指出,传统中国社会中的妇女历来在宗教活动中占有非常重要的位置,她们不仅是一些宗教团体的成员,有时还是领导者,甚至是创建者。因此,对于希望将福音传播到中国的传教士而言,中国妇女对宗教的虔诚无疑能够为基督教的传播提供良好环境③。

有意思的是,传教士报刊批判中国女俗的依据并不是西方社会流行的性别理论和女权主义。有研究认为,传教士关注中国女性问题的动机,是因为他们亲历了西方资产阶级革命和西方妇女

---

① 全地五大洲女俗通考序//林乐知.万国公报:第三十五册[M].台北:华文书局,1968:22030;论欧洲古今女人地位//林乐知.万国公报:第三十七册[M].台北:华文书局,1968:22883,22948;瑞典女子之地位//林乐知.万国公报:第三十九册[M].台北:华文书局,1968:24103;纽西兰女子之地位//林乐知.万国公报:第三十九册[M].台北:华文书局,1968:24394.

② 大美国·女医外出//林乐知.万国公报:第三十二册[M].台北:华文书局,1968:14358;大英国事·女子从军//林乐知.万国公报:第二十三册[M].台北:华文书局,1968:14624.

③ Kwok Pui-lan. Chinese Women and Christianity, 1860–1927[M]. Atlanta: Scholars Press, 1992.

解放运动,接受了"自由、平等、博爱"思想的洗礼,并且基督教已经确立了性别平等原则①。传教士们基于天赋人权的"男女平等"思想来批判中国女俗的"不人道"也就更加顺理成章。但实际上,传教士报刊几乎无一例外地从中西比较的视角谈论这个问题——中国女性的参照系是西方女性而不是中国男性。

中西比较的视野,一方面,来自传教士们对西方文明的自信和优越感;另一方面,作为舶来品的近代报刊本身就隐含了这种视野。传教士们创办刊物也是为了制"夷",为制服他们眼中"无知而又冥顽不化者"——中国人,试图通过"智力的炮弹",从而"把天朝带进与世界文明各国联盟"之中②。实际上,相比报刊的内容,真正"把天朝带进与世界文明各国联盟"之中的恰恰是报刊这一媒介。

现代报刊之于当时的中国人,是闻所未闻的东西。它与中国所固有的邸报完全不同。用马克·波斯特(Mark Poster)的话来说,现代报刊是一种全新的信息方式③。《遐迩贯珍》把中国的邸报与西洋的日报做了区分:前者只有上谕奏折——隶属于朝廷的举动大略;后者内备"各种信息",并且可达平常人家,一有要事,顷刻间四方尽知其详。西方各国的这种常见之物,在中土却是"向无所有"④。"一有要事,顷刻间四方尽知其详"道出

---

① 王立新.美国传教士与晚清中国现代化:近代基督新教传教士在华社会、文化与教育活动研究[M].天津:天津人民出版社,1997:1-6.
② 顾长声.传教士与近代中国[M].上海:上海人民出版社,2004:4,37.
③ 马克·波斯特.信息方式:后结构主义与社会语境[M].范静哗,译.北京:商务印书馆,2000.
④ 内田庆市,松浦章,沈国威.遐迩贯珍[M].上海:上海辞书出版社,2005:715.

了现代报刊最重要的特点——不仅是在说现代报刊的受众面更广,更多的是在说现代报刊的"同时性"。

罗伯特·帕克(Robert Paker)认为,从总体上说,新闻涉及的是孤立的事件,并不打算从因果形式和目的论的次序来追究它们之间的关系,因为新闻一般不关注过去或将来的因素,除非与现时事件有关联。新闻意在使人们和社会熟悉实际的世界,以此保持个体心智正常和社会有序①。与书籍等传统媒介的"厚古薄今"不同,报刊只关注"当下",这是报刊这种媒介所独有的"时间"——同时性。这也成为报刊挑选和排列内容的合法性依据:当下分散于各地的人们正在发生着什么。于是,同一个时间轴上不同空间的人和事就被报刊的版面整合到一起。传教士们选择报刊而非书籍作为布道的工具,这种拼贴式的组织内容的方式,本身就不可避免地暗含一种空间上的中西对比的视野。而中国,就在报刊的版面中,与同一时期的世界各地并置一处,阅者观之,"四海万国,具在目中"。"闭关锁国"在新的传播技术面前失去了效力,报刊通过这样的方式"把天朝带进与世界文明各国联盟"之中。

在许多研究者看来,中西对比的视野代表了西方对中华文明的蔑视,中国的知识分子们正是在羞辱感的驱使下开始以改造妇女为起点探寻强国之路。笔者认为,这种视野恰恰为男性知识分子审视中国女性引入了全新的尺度,并且开启了女性在严肃话语领域"被言说"的可能。

如前所述,在传统的文化体系中,女性的不可言说和不可见

---

① 黄旦.报刊是一种交往关系:再谈报纸的"迷思"[J].安徽大学学报(哲学社会科学版),2012(6).

是为了成全天理,女性的隐匿是道德的、高尚的,男性知识分子在原有的话语体系内实在找不到颠覆这种道德的理由,像李贽一般的"离经叛道者"被斥为异端,无法撼动固有的性别秩序。而西方社会推崇的性别理论和女权主义,是将女性置于男女之别的尺度上,为女性争取外在权利,如受教育权、工作权和同工同酬的权利,目的在于抹除男女两性作为个人的差异。但在中国传统文化体系中,这种差异被阴阳征用,并将其导入先验的位序结构之中,男女作为个人的差异并非政治的缺陷,反而成了位序结构的构件。因此,在晚清中国,从男女之别的角度并不能打开关于女性的言说空间。虽然随着妇女解放运动的推进,一些文章中出现了男女之别、天赋人权的理路,但至少在最开端,男女之别并不足以成为知识分子们开始谈论女性的理由。而中西之别的视角巧妙地避开了中国文化道德体系中的逻辑"死结"。这样一来,女性从天理/人欲对立的中介,变成了传统/现代对立的中介(就文明发展程度而言),虽然后一种命运也不该由女性来承受,但至少使得还未曾在思想上和道德上完成现代化转型的士大夫们,摆脱"男不言内"的约束,顺理成章地用另一种尺度和话语系统来谈论女性。这种尺度的转换比起"羞耻感"是更为直接地推动第一块多米诺骨牌的外力。

(二)维新报刊与"女弱之耻"

甲午战争的失败,击碎了从器物层面改革兴国的希望。危机当前,士大夫们急于找到国家贫弱的症结,在传教士报刊中作为中西文明优劣表征的中国女性便吸引了他们的目光。1882年,北上赶考的康有为路过上海时看到了《万国公报》中有关缠足的文章,深受触动,次年便在家乡成立了一个戒缠足会①。戊戌变法期间,《时务报》等维新报刊开启了中国男性知识分子论述女性问题的先河。此后,维新志士们开始以女性问题为支点,探索强国保种的良方。

"西方传教士倡导不缠足,组织天足会,主要在教徒范围内,影响面有限。但毋庸讳言,这一举动客观上为改革缠足恶习起了推动和某种示范作用,戊戌维新时期倡导妇女解放的志士仁人,也从传教士那里汲取了有益的东西。"②传教士报刊,尤其是《万国公报》对维新人士影响深远,康有为于1895年创办的维新派第一份报刊的报名也是《万国公报》,由此可见一斑。维新人士从传教士报刊那里看到的不仅是各种观点,还有报刊这种媒介的力量,维新派知识分子们同样选择报刊作为论述女性问题的主要场域。

1896年创刊于上海的《时务报》作为维新派的机关报,对女性问题给予了较多关注。由梁启超、谭嗣同、汪康年等人创设的不缠足会,其位于上海的总会会址就设于时务报馆内。《试办不缠足会简明章程》第十九条写道:"本会每年集资若干……并登报章,以昭大信。"③在这份章程之后,《时务报》刊载了《不缠足会董事》,提到"伊始恐未能遽臻,妥洽用先刻之时务报中……"④,表明《时

---

① 茅海建.从甲午到戊戌:康有为《我史》鉴注[M].北京:生活·读书·新知三联书店,2009:135.
② 吕美颐,郑永福.中国妇女运动(1840—1921)[M].郑州:河南人民出版社,1990:44.
③ 试办不缠足会简明章程//强学报·时务报:第2册[M].影印版.北京:中华书局,1991:1664.
④ 不缠足会董事//强学报·时务报:第2册[M].影印版.北京:中华书局,1991:1667.

务报》与不缠足会的密切关系。因此,《时务报》对于晚清妇女运动具有重要意义。此前许多研究关注到《时务报》所记载的中国男性知识分子的妇女观,如康有为劝戒缠足、倡言女学,梁启超的"生利、分利"说等。这类观念对于后来的士人学者们思考女性问题具有开拓性意义。除此之外,笔者认为,《时务报》叙述女性问题的方式,即相关内容的组织方式和呈现视角,亦有研究价值。

在《时务报》与女性问题相关的 30 多篇文章中,除《变法通议三之六·论学校:女学》《倡设女学堂》等少数论说和不缠足会相关报道是以中国男性的视角写就之外,《时务报》还刊登了多篇外国女性读者的信函。《劝中国女子不宜缠足》(译自英女士栗得尔来函)讲述英国女士栗得尔游历中国后,致信时务报馆极言"妇女缠足之敝俗"①。《中国妇女宜戒缠足说》出自旅居上海的英国女律师担文夫人,信中直言:"曩以中华为极大之国,今何积弱至此。我外国人观之,首明其故,尽由于妇女之缠足也。"②这些译文表达的观点与维新知识分子十分相近,是否由报馆编辑捉刀代笔无从考察,但在呈现方式上突出了西方视角,以他者的眼光观照中国女性的生存境况,从与西方文明的对比中说明中国女俗的愚昧。

除了以表达观点为主的论说文,《时务报》还以新闻的形式报道同时期西方女性的生活:《法妇人游历来华》《法国女律师

---

① 劝中国女子不宜缠足(译英女士栗得尔来函)//强学报·时务报:第 2 册[M].影印版.北京:中华书局,1991:1757.

② 中国妇女宜戒缠足说(译英律师担文夫人印送刊本)//强学报·时务报:第 3 册[M].影印版.北京:中华书局,1991:1893.

请入律院操业》《巴黎新开女学会》等报道展现法国女性的游历、就业和教育;《得泪女史与苦拉佛得女史问答》通过一位英国女记者的访谈,报道了当时英国伦敦女性在职业选择上的偏好,"英京女性多为报馆执事者"①,以此与晚清女性的寸步难行、目不识丁、"嗷然待哺于人"形成鲜明对比。此外,《时务报》还以较多的篇幅树立新女性的典型形象:《美英那威三国女子异同考》以英国格特鲁德女士的口吻盛赞美国、英国、挪威三国"女子外出视为常事","事事自由,并无拘束","可与男子订交"②。这些在中国传统道德中被视为颠覆伦常的举动却是西方女性的日常。

1897年,《时务报》刊登了梁启超撰写的《记江西康女士》一文,叙述康女士的传奇经历。康女士全名康爱德,江西九江人,"幼而丧父母",被游历东方"美国学士有宦籍者之女公子"昊格矩领养,并在九岁时跟随她到美国。在美国,康女士接受了中小学教育,学习"数国言语文字"、"天文地志"、绘画、音乐等各科知识,后又在密歇根大学医学院学习医学。在大学学习期间,康女士成绩优异,受到密歇根大学校长的褒扬:"无谓支那人不足言,彼支那人之所能殆非我所能也","若此女士者,与吾美之女士作比例,愧无地矣"③。这说明中国女性并非天资不足,而是为缠足、不读书所累。

---

① 得泪女史与苦拉佛得女史问答(译世界报)//强学报·时务报:第3册[M].影印版.北京:中华书局,1991:2677.
② 美英那威三国女子异同考//强学报·时务报:第4册[M].影印版.北京:中华书局,1991:3287.
③ 梁启超.记江西康女士.强学报·时务报:第2册[M].影印版.北京:中华书局,1991:1390.

在《时务报》论述女性问题的30多篇文章中,一半以上或以西方女性视角写就,或以西方女性为典型样本,甚至《时务报》中出现的唯一中国典型女性江西康女士,也是自幼受西方文化浸染的,并且这些文章多出现在《域外译报》栏目。译报活动始于林则徐,当时的国人对外报还不以为意,译报也只是出于刺探夷情的需要。而《时务报》的《域外译报》栏目不仅是为了刺探夷情,更是借助其中的西方视野来反观中国,并相信这样的方式更有说服力。传教士报刊不仅在女性观念方面触动了康有为、梁启超等人,其观察中国女性的视角——中西之别,也在维新报刊中延续下来。这种视角也常见于《清议报》《新民丛报》等其他维新报刊。

在笔者看来,视角的延续是自觉的,也是不自觉的。意识觉醒的第一步,就是对差异的敏感。传教士报刊将中西女性并置一处,就无法回避和忽视两者之间的差异了。这种刺眼的差异逼迫近代先贤们必须从"修齐治平"的单一维度中挣脱出来,直视女性。也恰因如此,在中国政治文化话语体系中打开了关于女性的论域。中西之别具象化的佐证就是中国女人和西方女人的差别,于是,女人的生存状况在中华文明的层面得到重视,变成了"天下存亡强弱之大原"①。从这个意义上说,从中西之别的视角来叙述是维新士人们的自觉。但我们不能忽视女性问题的表述场域——现代报刊,不论报刊的使用者是传教士还是维新士人,报刊所特有的技术属性——其

---

① 梁启超.论女学//强学报・时务报:第2册[M].影印版.北京:中华书局,1991:1529.

组织内容的维度和方式是相似的。出于对西方文明的推崇和关注,维新报刊也在不自觉中,在"报道世界各地新近发生的事"这样的常规操作中,又一次将中国女性与西方女性置于同一个狭小版面中,"差异"便在这样的呈现方式下被不断地提示。同时,"译报"这样的栏目设置,又在可见的版面之外,打开了类似"超链接"的通道,将报刊中的人和事带入更大尺度的场域,也拓宽了读者对于现实的想象边界。中西之别在这里被无意识地强化了。

藏匿的基本意思就是"从来没有现身过"①。但传统士大夫们曾经尽力藏匿女人的事实,被他者——传教士报刊的眼光捕捉到了,并作为一个尖锐的问题呈现在西洋文明的背景板上。中国女性,忽然从传统伦常最晦暗处,被曝光于中西差异的标尺之上。差异触发了觉醒。透过传教士报刊,士大夫们终于"看到"了中国女性。传教士报刊观看中国女性的特定视角——中西之别,也在维新报刊中被自觉或不自觉地延续下来,女性成为国人自办报刊中的重要议题。这一视角的采用还带来一个意想不到的结果:现代报刊的介入,使得女性得以挣脱原有的封闭的文化和道德的逻辑链条,不管她们是否意识到,她们都进入了一个全新的话语体系中,也使得中国的男性知识分子言说女性问题成为可能。

女性的现身就从《万国公报》《时务报》等第一批在晚清中国产生重大影响的近代报刊开始。这些报刊为国人打开了一扇"观看"中国女性的窗口。观看总是从特定视角出发的,这决定

---

① 张念.性别政治与国家:论中国妇女解放[M].北京:商务印书馆,2014:47.

了观者看到的是什么。中西之别这个观察中国女性的特定视角在后来知识分子的各种论说中或隐或现,影响了晚清妇女解放的路径和面貌。

三、报为国口:国族建构与妇女解放

(一)作为"问题"的晚清女性

旧式女性曾经恪守的道德规范亟待改变。中国女性现身的方式在一定程度上决定了她们新的命运:要么隐匿,要么成为问题出现。女性既然成了"问题",那么随之而来的便是如何解决它——改造。差异启动了思考,但是思考的结果和对象必须纳入新的意义体系中,"破"的目的是"立",否则重塑便没有意义。对于女性而言,重塑最先是身体和智识层面的:放足、出走、读书、谋业。但重塑不仅仅是身体和智识层面的,还有语义和逻辑层面——重塑需要合法性。

在《时务报》刊登的《论女学》篇中,梁启超提出的"生利分利说"便是士大夫们试图将女性纳入新的意义体系中的一种尝试,并且颇具代表性。

> 凡一国之人,必当使之人人各有职业,各能自养,则国大治。
>
> 故曰国何以强?民富斯国强矣!民何以富?使人人足以自养,而不必以一人养数人,斯民富矣!
>
> 女子二万万,全属分利,而无一生利者。惟其不能

自养,而待养于他人也,故男子以犬马奴隶畜之,于是妇人极苦……①

梁启超还进一步阐释了"生利分利说"背后的逻辑:因为占全国人数一半的女子,全都属于"分利"之人,只能依靠"生利"的男人来供养,所以"男子以犬马奴隶畜之",女子地位卑贱,"于是妇人极苦";因为女子不能"生利",极大地增加了"生利"的男人的负担,使男人"一人须养数人也","终岁勤动之所入,不足以赡其妻孥","于是男子亦极苦";女子"嗷然待哺于人","酿成此一人养数人之世界",造成"中国之无人不忧贫"的恶果,民族和国家的积弱又带来主权的丧失——"甲午受创,渐知兴学"。

由于《时务报》的影响力,后来的许多报章中均可见对这种观念的继承。1904 年的《女子世界》登载过类似的言论:"今我中国女子,有分利,无生利,少则待食于其父,长则待食于其夫,老则待食于其子……"②1908 年出版的《女界泪》同样指出女子的"分利"为国家贫弱之根源:"女子之不强,岂男子之幸哉？一人生之,众人食之,贫之端始兆矣。一人为之,众人赖之,弱之蘖始萌矣。"③甚至晚清为数不多的女性言说中也有这种观念的影子:"盖中国四百兆人,女子居其半,男则教以齐家治国平天下,女则概不预闻,岂女子独不能齐家治国平天下乎？……然则四万万废者居其半,实则二万万而已。如千斤之物,一人肩之则不

---

① 梁启超.论女学//强学报·时务报:第 2 册[M].影印版.北京:中华书局,1991:1526.
② 亚特.论铸造国民母[J].女子世界,1904(7).
③ 何大谬.女界泪[M].北京:京都书局,1908:8.

胜,分而任之则有余力,观诸西人皆富强,男女均自食其力故也……故中国欲振兴,必男女平权。"①可见"分利生利说"的影响力。

陈东原在《中国妇女生活史》中评价梁启超的《论女学》:"这是当时一个最强有力的见解。这个见解,即是要以女子教育作女子经济独立的手段;而女子经济之独立,目的又在富国强民。"②梁启超将女性设想为不事生产的分利者,这样的定义虽然有偏颇之嫌,却为重塑女性找到了最合时宜的理由。女子不便行走、目不识丁,最大的问题并不在于限制了女子个人的自由和眼界,而在于对国计民生无所贡献,于是,这二万万的"无用之人"就被指认为国家贫弱的源头。因此,重塑女性的最大动机就如陈东原所指出的,在于富国强民、强国保种。

为了使女性也成为"生利"者,便要兴女学:"国乌乎保必使其国强,而后能保也。种乌乎保必使其种进,而后能保也……故妇学为保种之权舆也……欲强国必由女学。"③《时务报》所推崇的中国新女性江西康女士,在中国千万女性中是一个非典型案例,而这个样本恰恰说明中国女性并非天资不如西方女性,差别在于教育。要兴女学,必先禁缠足。《论女学》认为学习不仅要"晨夕伏案,对卷伊吾",还要"师友讲习以开其智,中外游历以增其才,数者相辅,然后学乃成"。但是,当时的中国女子深居闺阁,足不出户,"终身未尝见一通人,履一都会,独学无友,孤

---

① 清池女史.女子亟宜自立论[J].清议报(第七十六册),1901(4).
② 陈东原.中国妇女生活史[M].上海:商务印书馆,1928:322.
③ 梁启超.论女学//强学报·时务报:第2册[M].影印版.北京:中华书局,1991:1526-1530.

陋寡闻",这种情况对于兴女学无疑是非常不利的。另外,缠足"毁人肢体,溃人血肉,一以人为废疾,一以人为刑谬,以快其一己耳目之玩好,而安知有学,而安能使人从事于学",最终得出"缠足一日不变,则女学一日不立"的结论①。

其他维新士大夫们的文章中也存在类似的逻辑。康有为曾言明:"回观吾国之民,尪弱纤倭,为其母裹足,故传种易弱也。"②张之洞认为,缠足使"母气不足,弱之于未生以前,数十百年后,吾华之民,几何不驯至人人为病夫,家家为侏儒,尽受殊方异族之蹂践鱼肉,而不能与校也"③。晚清国人对女性身体的改造,最重要的原因不是缠足残害妇女身,"而是因为它妨碍妇女劳动生产力的发挥,这种功利的观点和政治计算才是这场运动的真实面貌所在"④。维新人士倡导男女平等,其出发点并不是个人权利层面的,而是义务层面的——为了让女性与男性一样承担起建设国家的义务。正如杜赞奇所言,"国家之所以有责任教育和'解放'妇女,是因为有必要塑造出能够在生物学和文化意义上生育'优质'公民的高效母亲"⑤。

在传统意义的体系中,女性是天理/人欲对立的中介,因此,

---

① 梁启超.变法通议·论女学//饮冰室合集·文集:第1册[M].上海:中华书局,1936:37-44.

② 康有为.请禁妇女裹足折//李又宁,张玉法.近代中国女权运动史料(1842—1911):上册[M].台北:龙文出版社股份有限公司,1995:509.

③ 张之洞.南皮张尚书戒缠足会章程叙//强学报·时务报:第3册[M].影印版.北京:中华书局,1991:2623.

④ 黄金麟.历史·身体·国家:近代中国的身体形成(1895—1937)[M].北京:新星出版社,2006:40-41.

⑤ 杜赞奇.从民族国家拯救历史——民族主义话语与中国现代史研究[M].王宪明,译.北京:社会科学文献出版社,2003:10.

缠足、隐匿自己是一种"成全天理"的美德。而在现代报刊的视野中,女性成为中西之别的具象化表征,于是,节妇烈女便成了旧式女人。而女性的问题是在国族命运的层面而非个体经验的层面被表述的,"女子既被说成是国家衰弱的原因,又被再表现为民族落后的象征"①。这种表述成为解放女性的合法性基础,也将女性纳入了全新的语义链条中。放足、出走、读书、谋业,这些动作环环相扣,最终都指向一个目的:强国保种。

(二)国族命运裹挟的妇女解放

维新报刊启动了中国男性知识分子关于女性问题的言说,同时在国族建构的层面寻求解放女性的合法性,并以"是否有益于民生国计"为标准重新定义女性价值。

当维新派退出政治漩涡后,20世纪围绕女性展开的言说仍依循这个思路。从戊戌变法前后的戒缠足和兴女学,到辛亥革命前后的女权运动,对女性角色的期望从"国民之母"到"女国民",不仅赋予她们"诞育佳儿"的崇高责任,还要求她们与男子一起参与国族建构,这让刚去掉裹脚布才迈出闺塾的女性一下子就被裹挟进建设现代国家的使命中。总体上看,精英知识分子所设想的妇女解放嵌套在国家建构的话语里——救亡是为国家,革命也是为国家。国族建构成为晚清中国妇女解放的底色和目的。

然而,正是因为女性被包裹进国族话语,所以晚清妇女解放的正当性受到质疑。尤其在20世纪80年代之后,西方女性主

---

① 王政.越界:跨文化女权实践[M].天津:天津人民出版社,2004:178.

义史学介入中国妇女史研究,女性主义史学以社会性别理论为依托,主张通过一种女性视角来描绘传统妇女,重新建构一种以女性立场为中心的历史,而国族建构论述"常常酝酿自男人的经验,而不是妇女的经验:民族主义通常从男性化的记忆、男性化的屈辱和男性化的希望中产生"①,为了揭示被"国族巨型历史""封装"的传统妇女的主体性,这类研究对助推女性解放的国族叙事进行批判和解构,认为其所谓的"解放",本质上不过是国族主义以"进步"的名义强加于传统妇女的一种现代化暴力,掩盖了女性真实的经验和生存状况②。国族叙事成为中国妇女解放的"缺陷"受到批判。以纯粹女性经验为主体的微型历史书写代之而起。

杨剑利认为,一部将女性置于国族之外的历史,无疑会将关于女性的叙事从有关国族的语境中强行剥离,这样做的后果是无视语境对历史事件本身的制约。晚清妇女解放是在民族危亡的背景下,在"物竞天择,适者生存"的社会达尔文主义的话语体系中启动的,妇女解放也是由种族话语、国家话语引出的,而非性别话语。这是一个基本的历史事实。如果用一种超历史的性别话语来批判晚清妇女解放的"成色",则会不可避免地带来极端的叙事,呈现出非历史的一面③。

---

① 沃尔拜.女人与民族//陈顺馨,戴锦华.妇女、民族与女性主义[M].北京:中央编译出版社,2004:77-78.
② 孟悦,戴锦华.浮出历史地表[M].郑州:河南人民出版社,1989;许慧琦."娜拉"在中国:新女性形象的塑造及其演变[D].台北:台湾政治大学,2003;高彦颐.闺塾师:明末清初江南的才女文化[M].李志生,译.南京:江苏人民出版社,2005.这些研究质疑了晚清妇女解放中的国族叙事。
③ 杨剑利.国家建构语境中的妇女解放——从历史到历史书写[J].近代史研究,2013(3).

笔者认同杨剑利的观点,由国族叙事助推的妇女解放作为一种历史,有它特殊的原因,如果妇女解放是应该的,那么这种原因及由此造成的男性主导至少不是一种过错①。对于造成这种历史面貌的特殊原因,除了此前许多研究提到的民族危亡的背景、社会达尔文主义的兴起等,在最初关于中国女性的言说场域——现代报刊中也可以找到原因。

尽管传教士报刊和维新报刊都是在中西之别的尺度上谈论中国女性的,但不同之处在于,传教士报刊观察和叙述的着眼点是中国女性,而维新报刊的着眼点是中国文明。

以缠足一事为例,传教士报刊反对中国女俗的理由是,缠足人为地残害了中国女性的肉体,扭曲和破坏了人的天然性,于人道不合,"故当其初缠也,痛必切骨,苦难名状。或日夜呻吟,或坐卧不安,万一因缠致溃,皮破肉烂,脓流血淋,偶尔失治,即成废疾"②。同时,为了有效地说服中国人,传教士也会从中国儒家文化入手,论述缠足是对祖训的违背:"孝经云,身体发肤,受之父母,不敢毁伤,乃今竟毁伤其肌肤,则在子女为不孝,在父母为不慈,两失之矣。"③兴女学也是为了增加女子智识,从而彻底废止缠足。"凡百恶俗,皆由不学。会议推广女学,女孩概令入塾读书,设法鼓舞惩戒,但求明理,鹜词章,务使人人知缠足为毁体媚人之事,可耻可伤,互相劝导,则

---

① 杨剑利.国家建构语境中的妇女解放——从历史到历史书写[J].近代史研究,2013(3).
② 永嘉祥.戒缠足论//林乐知.万国公报:第二十九册[M].台北:华文书局,1968:18086.
③ 花之安.自西徂东:第五卷[M].广东:小书会真宝堂,1884:116-119.

不禁自绝矣。"①无论是戒缠足还是兴女学,基本出发点均是个体权益层面的,中国女子应该与西方女子一样拥有健康的身体和教育、工作的权利。受传教士报刊的影响,最初中国男性知识分子关于女性的言说中,也出现过对女性个体权益的关注。梁启超在《戒缠足会叙》中详细描述了缠足女性的生存状况:"母以此督其女,舅姑以此择其妇,夫君此宠其妻,就齿未易,已受极刑,骨节折落,皮肉溃脱,创伤充斥,脓血狼藉,呻吟弗顾,悲啼弗恤,哀求弗应,嗥号弗闻。"②这说明男性知识分子对于女性身体上所承受的痛苦并非视而不见,但谈及戒缠足的理由和动机时,梁启超的论述就从女性身体经验跳转到国家建设了:"中国之积弱至今日极矣,欲强国本,必储人才,欲植人才,必开幼学,欲端幼学,必禀母仪,欲正母仪,必由女教"③,而缠足"毁人肢体,溃人血肉,一以人为废疾,一以人为刑谬,以快其一己耳目之玩好,而安知有学,而安能使人从事于学"④。

　　将女性改造的议题组织进宏大的国族叙事,而不在身体经验的层面来论述改造的必要性,并非康有为、梁启超等对于女性作为"人"的生命体验的无视,而是一种策略性的选择,并且在一定程度上与他们选择的言说场域即报刊有关。

---

① 鸳湖痛定女士贾复初.缠足论//林乐知.万国公报:第二十六册[M].台北:华文书局,1968:16219.
② 梁启超.戒缠足会叙//强学报·时务报:第2册[M].影印版.北京:中华书局,1991:1038.
③ 梁启超.戒缠足会叙//强学报·时务报:第2册[M].影印版.北京:中华书局,1991:1039.
④ 梁启超.变法通议·论女学//饮冰室合集·文集:第1册[M].上海:中华书局,1936:44.

实际上,不仅女性的生存状态中西有别,报刊也是。报刊本身是历史的,是一个生成性的概念。即使是在作为现代报刊源头的西方世界,最初人们关于报刊的认知,也并不存在一个标准化的模板。按迈克尔·舒德森(Michael Schudson)的说法,在18世纪前期的美国,"似乎只要有一个印刷商,就有一个办报模式",与后期为人所公认的报刊概念有很大差异①。"报刊"这一概念本质上是克利福德·格尔茨(Clifford Geertz)所说的"地方性知识"②,因不同的"水土"而呈现出不同的样态。现代报刊真正进入中国社会正是在晚清,当时,现代报刊不仅起到了传播新知的作用,而且它本身就是一种"新知",属于东渐的"西学"③。晚清的知识分子在特殊的知识和实践背景中接受"现代报刊"这个概念,因而也形成了不同于西方的报刊实践。

黄旦认为,前现代的中国人对于报刊不仅是不具"未成形的经验",根本上就是闻所未闻,"耳目喉舌"作为"成形的经验",便在此时出场④。中国的"耳目喉舌",实则具有双重含义:既是人体的器官,也是指政治沟通制度。国家的清明治理,就依赖制度层面的"耳目喉舌"为帝王提供强力支撑。从清朝看,中国所固有的邸报就是帝王的"喉舌":公布有关决定、决策和朝廷动态。"采诗"——派人走访、体察民情的一种做法——则是

---

① 迈克尔·舒德森.好公民:美国公共生活史[M].郑一卉,译.北京:北京大学出版社,2014:29.
② 克利福德·吉尔兹.地方性知识:阐释人类学论文集[M].王海龙,张家瑄,译.北京:中央编译出版社,2000.
③ 黄旦.媒介就是知识:中国现代报刊思想的源起[J].学术月刊,2011(12).
④ 黄旦.耳目喉舌:旧知识与新交往——基于戊戌变法前后报刊的考察[J].学术月刊,2012(11).

当政者"耳目"之延伸。

作为最早一批接触现代报刊的人,梁启超在《论报馆有益于国事》中用"耳目喉舌"对这个新生事物做出中国化描述:"无耳目,无喉舌,是曰废疾……其有助耳目、喉舌之用,而起天下之废疾者,则报馆之为也。"①梁启超这番话并非其个人独见,而是蕴含着当时维新报人的共同见识。《知新报》就认为,"报纸,天下之枢铃,万民之喉舌也","不慧于目,不聪于耳,不敏于口,曰盲聋哑,是谓三病,此古今之达忧,天下之大患也"②。这几乎是梁启超所谓的"无耳目,无喉舌,是曰废疾"的翻版;严复创办《国闻报》,声称以"通上下"和"通中外"为宗旨;康有为在《上清帝第四书》中描绘的报纸是建立在各级行政机构的官报,是"国之利器";谭嗣同一语中的,报纸就是长在"国"身上的"口"("国有口矣"),非属一般个人所有,主要作用就是宣讲"新政新学",使"不得观者观,不得听者听",好比是"予之耳,而授以目"③。

康有为、梁启超等维新士人办报的最大动机,就是要解决当政者闭目塞听的问题,而现代报刊在他们看来与前现代中国所固有的"采诗""清议"等制度无异:"古者采诗以睹民风,诵诗而知国政,盖诗者,即今之新报。"报刊就像此种传统一样,是封建帝国官方政治体制之外的言论通道,是国家"耳目喉舌"的延伸,有益于帝王了解国情做出决策,从而改变中国政治交流不畅

---

① 梁启超.论报馆有益于国事//复旦大学新闻系新闻史教研室.中国新闻史文集[M].上海:上海人民出版社,1987:24.
② 吴恒炜.知新报缘起//中国人民大学新闻系.中国近代报刊史参考资料:上册[M].北京:中国人民大学新闻系,1979:267.
③ 谭嗣同.湘报后叙.中国新闻史文集[M].上海:上海人民出版社,1987:39.

之弊病。报为"国口",非属一般个人所有,因此,办报的出发点和归宿都是为了国家和政府,仍然是国家的"耳目喉舌",纵然办报者出身草野。这种认识与英美思想传统中,从自然法则和功利主义政治哲学出发来定义报刊与个人言论自由、公共表达关系的方式,从一开始就大不相同。这种理解无疑是以旧识解新知,但晚清的中国士人,正是在这样的理念基础上接受并使用现代报刊的。士人们对报刊的理解,无可避免地制约着他们的报刊实践。

以维新派的机关报《时务报》为例,《时务报》版面分为论说、谕旨奏折、京外近事和域外报译。从栏目的设置上就可以直观地看出办报者对现代报刊这一新媒介的理解和期待——将民隐夷情上达,使君惠下逮。其发行范围也主要面向士大夫和官宦,工商业者仅占少数①。《时务报》所履行的基本就是传统士大夫在政治体制中所承担的"士的言责"。维新派对现代报刊的青睐,与他们向往西方科技和文化的理由一样——"师夷长技以制夷",但不同的是,西方报刊的言说是面向组成公民群体的个人,而维新派将现代报刊视为一种官方政治沟通渠道的延伸,以改善政治壅塞的弊病,因此,维新报刊的言说主要是面向当政者。

晚清报刊在一定程度上建构了一种中国式的"公的论域",只不过中国的"公"与西方的"public"在意涵上有重要区别②:中国的"公"连接"天理""公义","公"是通过对"私"的拒斥实

---

① 潘光哲.《时务报》和它的读者[J].历史研究,2005(5).
② 沟口雄三.中国的公与私·公私[M].郑静,译.北京:生活·读书·新知三联书店,2011.

现的,所谓"大公忘私""大公无私";西方的"公"却是以"私"为基础的,现代政治学中公共领域和私人领域的划分,目的是要在公权力与私人权利之间划出一块缓冲地带,防止公权力的合法暴力对个人的肆意伤害,同时,在两者的张力之中,监测两者的过剩与不足,才有了"积极自由"和"消极自由"的冲突。因此,"私"是"公"的前提、基础和目的。但理论上绝对的个人在汉语语境中是不可想象的,正如严复在翻译密尔的《论自由》时,将 individual 翻译成"小我"一样,只有相对的个人。在生长于"差序格局"的前现代中国人眼中,"公"只有通过与"私"的对立才能实现。

因此,向国言说的报刊所建构的"公的论域"必定是在追求"大公"的过程中剔除了"小我"的。

这样一来,《时务报》选择用国族叙事来表述女性问题也就不难理解了。维新士人们设想的改造妇女身体的途径是,借助报刊,用类似上书的方式"禀明上意",然后通过当政者制定律令政策,自上而下地完成妇女解放,"谕旨民间自必懔遵,不难使缠足之事,永远禁止,或悬厉禁,定一律法,其权固操诸君上也"①。与其说这是一种策略,毋宁说只有在国族建构的层面获得意义,传统女性的问题才得以在面向当政者言说的报刊版面中占据重要位置。办报者们当然看得见女性身体所承受的幽闭和痛苦,但是用康有为的话来说,传统女性"为囚""为刑""为奴""为私""为玩具",但这一切均发生在夫妇伦理的范畴内,

---

① 劝中国女子不宜缠足(译英女士栗得尔来函)//强学报·时务报:第 2 册[M].影印版.北京:中华书局,1991:1757.

"夫圣人之立父子、夫妇、兄弟之道,乃因人理之相收,出于不得已也"。出于家族延续的必要,夫妇伦理是合乎人性的,小我的身体感受因为是"一家之私",旁人无权干涉,也没有干涉的必要。只有当"一家之私"与寻求公义的政治实践相违背,妨害了"天下之公","一家之私"才有理由进入报刊的视野,才有理由让当政者关注这个问题。正因如此,解放女性的理由,从传教士报刊中的女性个体权益,在维新报刊及后来的国人自办报刊中被置换成国家利益。正如尼尔·波兹曼(Neil Postman)所说,是形式决定了内容,而不是相反①。报刊的视野在很大程度上决定了其言说的方式和对内容的选择。

从性别理论来看,这样的妇女解放或许是有缺陷的,但中国晚清妇女解放就是在这样的历史语境中发生了。而报刊本身,就是一种不能忽视的历史语境。如果说是报刊让中国传统女性得以从不可言说进入舆论中心,那么在当时的情形下,借助国族叙事的外包装本就是传统女性得以进入公共论域被看见、被讨论的重要原因。在维新报刊的推动下,妇女问题与国家民族的命运紧密联系在一起,成为晚清引人注目的现象。这种观察女性问题的视角在民国初期报刊的言说中也被有意识或无意识地延续下来。民国初期之后,留洋派的知识分子们开始尝试类似西方那种面向个体公民的公共报刊类型,个人主义层面的女性言说才开始出现。

此后,女性被广泛用来指代民族的弱势地位。例如,梁启超

---

① 尼尔·波兹曼.娱乐至死[M].章艳,译.桂林:广西师范大学出版社,2004:8-10.

在《新民说·论尚武》中形容中国为"不数年间,遂颓然如老翁,靡然如弱女","鬼脉阴阴,病质奄奄,女性纤纤,暮色沉沉"①。蔡锷的《军国民篇》则拿中国与西方列强相比:"若罹癫病之老女,而与犷悍无前之壮夫相斗,亦无怪其败矣。"中国不仅是"病夫中国",还成了世人眼中的"老妇中国"②。女性被正式纳入民族主义的话语体系中。国家利益成为解放女性的落脚点和合法性来源,也使得中国妇女解放整体上呈现出"轻权利、重义务"的特点。

---

① 梁启超.新民说·论尚武[N].新民丛报,1903-03-27.
② 蔡锷.军国民篇[N].新民丛报,1902-02-08.

第三章

出走的前奏：女性世界的拓展与传统礼教的松动

一、解放从出走开始

女性被意识到了，从不可言说到舆论中心。尽管如此，言说者主要是男性知识分子，传统女性在这个过程中依然处于被观察的客体位置。对于传统女性而言，从内到外，直观且具体的妇女解放发端于一个动作：出走。中国女性所能感受到的真实的自由是从走出内闱开始的。

当《万国公报》站在西方文明的视角观察中国，缠足最先成为西方人眼中不可理喻的陋习，从一种传统社会习俗变成中国文明愚昧落后的具体表现。这种文明尺度上的对比深深刺痛了崇尚西方文明的中国第一批启蒙知识分子的心。于是，康有为、梁启超等人将戒缠足纳入维新的宏伟蓝图，其重要性甚至与兴女学等同，并于1897年在上海成立不缠足会，"天足运动"拉开帷幕。此后十余年间，在围绕妇女解放的言说中，戒缠足占据绝对重要的位置。

在当时的男性知识分子看来,阻碍女性成为"生利"者最大的障碍就是缠足。缠足阻碍女性行走,将女性困于内闱,使女性不能像男性一样外出工作、独立谋生,沦为需要别人供养而不产出任何社会效益的"分利"者。似乎只要解除了女性双脚的束缚,就找到了问题的症结。缠足当然是女性争取自由的道路上的一大阻碍,放足是女性解放在身体上的具体表现,以及妇女走出家庭、走向社会、独立谋生等一切解放运动的前提条件,其重要性不言而喻。但是,认为缠足是女性解放唯一的障碍,未免将解放想得过于简单。

实际上,缠足作为一种根深蒂固的社会习俗,对于传统女性的意义不只是束缚。高彦颐将目光投向19世纪之前的中国社会,解译缠足妇女的足服、足饰和身体语言。在高彦颐看来,缠足更多地应被置于时尚史的范畴来理解,因为在传统中国"缠足不是一种负累,而是一种特权。缠足的存在,不仅是为了向外在世界宣告身份地位和可欲性,对于女人本身而言,这还是自尊的一种具体体现"[1]。可是,这种传统社会的时尚被纳入现代化的变奏之后,在跨国语境中一下子就失去了光环。高彦颐对缠足女性心态的解译,揭示了缠足习俗的复杂性,缠足是换取身份、尊严、审美等各个层面利益的抵偿。

中国妇女缠足历史悠久,研究表明,至迟在宋末,缠足已趋普遍:"元丰以前犹少裹足,宋末遂以大足为耻。"[2]缠足的

---

[1] 高彦颐.缠足:"金莲崇拜"盛极而衰的演变[M].苗延威,译.南京:江苏人民出版社,2009:288-289.

[2] 郑永福,吕美颐.千年历史公案——缠足与反缠足[J].南开史学,1990(2).

流行并不是一种没由来的审美风潮。随着宋明理学的兴起，社会开始对女性贞洁产生极度严苛的要求。缠足不仅能满足男性对于女性美的想象，更重要的是，缠足使得女性失去行动能力，"大门不出，二门不迈"意味着女性被家长深藏闺中并调教得法，具有"保值"的象征意义。正是这样的社会价值标准使得缠足这种酷刑变成了普遍的社会习俗。到了清初，许多明朝遗老的女眷以坚持缠足这个汉族传统习俗来表达"男降女不降"的气节。另外，缠足涉及非常繁杂的礼仪程序和操作手法，出于对女性教养的重视而选择给女儿缠足的家庭，通常有一定身份地位和经济实力。经过百年的延续，缠足在很大程度上已经演化为一种女性身份和地位的象征，被上层女性群体接受甚至追捧，内化为她们的一种自觉的日常实践。

因此，放足的倡议一开始并没有受到多少女性的主动响应，甚至遭到许多有一定社会地位的上层女性的强烈抵制。这让当时少数知识分子的呼号多少有点一厢情愿的意味。早期由外国传教士创办的不缠足会，除了教会成员，在普通民众中几乎没有影响力。1887年，康有为在广东南海和当地士绅区谔良一起创办不缠足会，遭到民众的强烈反对。1896年年底，吴性刚在岳州成立戒缠足会，会员仅40人。1897年后，不缠足运动才初现规模。这一年，广东顺德成立不缠足会，入会人数上百人，梁启超为此写了一篇《戒缠足会叙》。6月，上海不缠足总会成立，入会人数比广东多一些。但有人认为，此时不缠足会的影响力大多限于知识分子阶层，在普通民众中还是十分有限。据记载，镇江一名教会女校学生回忆放足经历称："女师放我足，我哭泣不愿,恐人见笑,笑我大足故也。"①

研究表明,缠足之风虽盛,但缠足主要流行于汉族上层富裕阶层,有相当一部分中下层女性和少数民族女性并不缠足。即便不缠足,她们依然为内外有别的礼教规则所裹挟。从上海地区的情形来看,"明末上海县已呈现'棉七稻三'的种植格局,土布外销促进了以土布商业、沙船业、钱庄业为支柱的地区商业特色的形成"②。上海地区的女性正因为棉植业和家庭手工棉纺织业的崛起而成为一种重要的劳动力资源。"乾隆年间,一般农村短工每天工银仅5分,而农妇日织布所得竟高于短工日工资的一倍。"③上海地区中下层的不缠足妇女,在明清时期就具备了不亚于男性的自养能力,女性在家庭经济生活中不完全处于附属地位。然而,女性自养能力的日益增强,换来的并非鼓励女性独立自主的社会舆论,而是越来越沉重的道德枷锁。上海县志中"列女"的篇幅在明、清两朝出现较大幅度的扩充,其中又以"节妇"篇幅最大。在县志中,元、明两朝的节妇人数是孝妇、才妇的3.4倍,清朝提高到7.6倍。这种导向暗示上海地区对女性社会角色的定位主要是"完节"。"完节"强调已婚妇女承担夫家家族责任的价值取向④。为了维护家族利益,更为了防止女性由于经济能力的提升弃家而去,社会道德规范用血缘和义务将女性的活动更进一步限制在小家庭内部。这种道德约束像一堵看不见的墙,阻碍了女性离开家庭、作为独立个体谋生

---

① 中国天足会.天足会第九年报告[R].上海:中国天足会,1906:3.
② 罗苏文.女性与近代中国社会[M].上海:上海人民出版社,1996:87.
③ 罗苏文.女性与近代中国社会[M].上海:上海人民出版社,1996:87.
④ 罗苏文.女性与近代中国社会[M].上海:上海人民出版社,1996:88.

的脚步。

其实,缠足只是让女性安于内闱的诸多手段中的一种,并与衡量女性的价值标准、道德规范和一种普遍的审美趣味深刻勾连在一起。真正束缚女性的,是社会对于女性价值的评价标准和严苛的道德规范。正是这种无形的屏障将女性困在家庭的狭小空间中,忍受缠足之痛,安于接受"成为女人"的宿命。

维新报刊发明的"幽闭"话语让缠足成为一个问题,但单纯放足并不是解除女性幽闭的根本方法。"幽闭与出走"并非简单的"传统与现代"的对立。对传统女性而言,守旧的批评不足以让她们鼓起勇气走出内闱,因为幽闭具有存在论层面的意义,幽闭就意味着"成为女人"。"出走"这个动作超出了既有的"妇道"所规定的意义范围,"妇道"的日常连续性被打断。动作总是需要寻找意义,以保持动作的持续性,只有这样,动作才有可能转变为行为,当行为达到一定规模时,解放运动才会出现。因此,出走需要新的意义体系的支撑。女性出走成为风潮,不仅仅因为双脚的解放,更是整个社会对于女性价值的衡量尺度的转变,以及女性对于自身认知的拓展。

不同地区、不同城市的女性解放表现出较大差别。根据罗苏文的研究,在东南沿海一些通商口岸城市,不缠足运动得到了上流社会男女的共同参与和推动,和风细雨,颇有成效。而在相对闭塞的城镇,不缠足仍然阻力重重。相比华南地区,华北地区对不缠足的拒斥更为明显。在华北地区,不缠足的先行者仅限于教会女校学生和少数官宦之女,主要是个人行为[1],更不用说

---

[1] 罗苏文.女性与近代中国社会[M].上海:上海人民出版社,1996:194-195.

允许女性自由出入公共空间了。在晚清中国各个地区、各个城市中,上海地区天足运动的开展明显早于其他地区,女性对于放足的接受度最高,女性自由度也较高。熊月之指出,上海女性"出入社交场所较早较普遍",同时,上海也是晚清"不缠足运动中心"①。

关于上海地区女性较早开始放足和较早获得出入自由的原因,许多研究提到特殊的治理格局、经济发展、文化融合等因素,实际上,上海作为晚清第一个报刊网络中心,报刊对市民日常实践的影响和介入也是不可忽视的因素。上海报馆林立,至1897年年底,上海刊行过的报刊至少有76种(包括副刊及改名者)②。李扎认为,从《申报》开始,都市化的上海人已经习惯通过报纸来了解外界信息和各种观念。因此,上海人被称为近代第一个传媒化族群③。这不仅意味着上海地区的人们主要的信息获取渠道由书籍、传统社会的人际交谈,转变为报刊;更意味着,过去由书籍、身体所中介的人与世界的关系,被报刊这一中介取代。而人们头脑中的现实和对现实的感知方式都因为此中介的变化而与以前大相径庭。

本章主要以画报为例,讨论报刊如何成为推动女性从内闱走向公共空间的动力要素。因为要考察晚清时期报刊对于女性群体更为切近的影响,画报是最佳的考察对象。虽然维新报刊这类严肃政论报刊对女性的讨论在晚清中国产生

---

① 熊月之.晚清上海:女权主义实践与理论[J].学术月刊,2003(11).
② 史和,姚福申,叶翠娣.中国近代报刊名录[M].福州:福建人民出版社,1991.
③ 李礼.转向大众:晚清报人的兴起与转变(1872—1912)[M].北京:北京师范大学出版社,2017.

了深远的影响,甚至奠定了晚清妇女解放的舆论基础,但这类言说与普通女性的日常实践之间却有不小的鸿沟。同时,政论报刊主要在士大夫群体间流通,如果从主流的思想启蒙路径来考察,这类报刊的启蒙不太可能直接抵达女性群体。相比之下,画报与女性的联系更为紧密。画报是最早将女性列为目标读者的报刊。根据陈平原的研究,画报在当时的女性群体中确实颇为流行①。因此,本章将画报作为晚清重要的女性读物,以考察女性阅读画报的经验对于其主体认知的影响。

二、拓展女性世界:画报中的新时空

(一) 感知外界

严复认为,求学问的途径分读书和阅世两种:读书即"阅古人之世",阅世即"读今人之书"。"大家妇人非不知书,而所以不能与男子等者,不阅世也。"②然而,对于女性而言,阅世的难度远远大过读书。缠足不仅束缚了女性的双脚,附加在缠足上的道德规范也切断了女性与外界的联系。

内闱的属性是沉溺,在这里,行动是多余的,不行动就无从知晓阻力何在,内闱当然就不可能直接呈现为障碍物。出走无疑给出提示:有个与"内"相对的"外",内外之别也许不

---

① 陈平原.左图右史与西学东渐——晚清画报研究[M].北京:生活·读书·新知三联书店,2018.
② 严复.严复集:第 2 册[M].北京:中华书局,1986:470.

第三章 出走的前奏：女性世界的拓展与传统礼教的松动

是天经地义的①。

19世纪末，《点石斋画报》画师周慕桥曾绘制一幅上海地区数名闺阁女子手持望远镜窥视租界的风情画②，无意中传达出从来"养在深闺人未识"的女性，渴望突破传统命运的心曲。画中的女性多着长衣大袖，头饰以珠宝铺缀，衣料上多印散花。从服饰来看是清末女性的典型样貌，但其行为已有明显的"越轨"意味。对于外面的世界，传统女性虽身不能至，但心向往之，而她们手中的望远镜正是联通内外的中介。

实际上，对于清末女性而言，刊载这幅风情画的画报与望远镜异曲同工。不同于晚清的政论性报刊，晚清画报开启了图像叙事的新时代。政论性报刊读者以官宦士大夫为主，而画报读者中女性（特别是大量不识字的妇女）占有很大比重③。1895年，《申报》曾发表社论《论画报可以启蒙》："上海自通商以后，取效西法，日刊日报出售，欲使天下人之咸知世务，法至善也。然中国识字者少，不识字者多，安能人人尽阅报章，亦何能人人尽知报中之事？于是创设画报，月出数册。"对于目不识丁的妇孺来说，"启蒙之道……当以画报为急务"④。

在画报领域有开创之功的《点石斋画报》就创设于上海。《点石斋画报》打出"天下容有不能读日报之人，天下无有不喜

---

① 张念.性别政治与国家：论中国妇女解放［M］.北京：商务印书馆，2014：87.
② 《视远惟明》画上注由周慕桥所作，非吴友如，但被误收入《吴友如画宝》。周慕桥也是《点石斋画报》的画师。
③ 徐沛，周丹.供女性观看的女性形象——近代中国画报中的女性主体建构初探［J］.西南民族大学学报（人文社会科学版），2017（11）.
④ 论画报可以启蒙［N］.申报，1895-08-29.

阅画报之人"的口号,虽是自夸,却也道出了晚清画报最重要的特质。画报图说新闻的形式,更容易深入文化程度不高的"乡愚""妇孺"。早期的画报延续了传统仕女图对于女性形象的青睐,大量的新闻画以女性为主题。创刊于1884年的《点石斋画报》中,女性主题比比皆是。据统计,画面中涉及女性图像的占画幅总数的63%①。1890年创立的《飞影阁画报》更是将上海女性单列为一个主题。1909年出版的《图画日报》中《中外列女传》《上海社会之现象》等常设栏目也多将目光汇集于女性。相比于多在士大夫群体中传阅的政论性报刊,画报可算是最早将女性列为目标读者的刊物。《申报》在为《点石斋画报》打出的广告里,就列出了画报读者:"士夫可读也,下而贩夫牧竖,亦可助科头跣足之倾谈;男子可观也,内而蛾首蛾眉,自必添妆罢针余之雅谑。"②如此看来,画报对女性的启蒙可能更具实效。据陈平原的研究,画报在晚清女性群体中非常流行,花界女子更是人手一册,不管她们是否识字③。

  画报对女性的启蒙,首先在于空间想象的拓展。开埠之后的上海,城市面貌日新月异,都市景观成为追逐奇闻逸事的画报中的常见内容。例如,位于山西路与福建路之间的四马路中段,是当时租界公共娱乐区的核心地带。1883年出版的《淞南梦影录》中记载:"沪北茶寮,昔年以丽水台为第一……

---

 ① 李营菊.《点石斋画报》对晚清社会的图像叙事研究[D].重庆:西南大学,2016.
 ② 第六号画报出售[N].申报,1884-06-26.
 ③ 陈平原.左图右史与西学东渐——晚清画报研究[M].北京:生活·读书·新知三联书店,2018:479.

近惟四马路之洪园、华众会、阆苑第一楼、皆宜楼,履舄骈阗,最为繁盛。"①晚清上海出版的画报也多在此处取景。

《点石斋画报》所描绘的茶馆中就有女性出入。《雌雉翔集》(见图3-1)描绘的便是妓女借品茗结识客人的情景。图画配文称,有人在四马路某茶楼"见妖姬荡妇,三三两两,无不浓妆艳服,围坐于明窗净几",看到穿着华丽的客人便"眉目传情",画中显示男女坐于一席②。《博士肇事》(见图3-2)则记载

图3-1 《雌雉翔集》

① 葛元煦,黄式权,池志澂.沪游杂记·淞南梦影录·沪游梦影[M].郑祖安,胡珠生,标点.上海:上海古籍出版社,1989:114.
② 吴友如,等.点石斋画报·大可堂版:第8册[M].上海:上海画报出版社,2001:141.

了发生在茶馆"阆苑第一楼"的冲突事件,茶园中的茶博士(堂倌)调戏女佣,女佣破口大骂,双方扭打起来,引来游人围观。从画面来看,围观的人群中还有不少女性①。

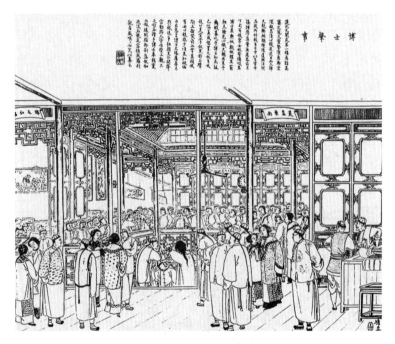

图 3-2 《博士肇事》

其次,除了茶馆,时髦的西洋运动场所台球馆中也有女性活动。在《华人弹子房》②中,在一处中西合璧的弹子房里,女性们侧身站在球桌旁,津津有味地看着身边男子用长竿打桌球。

---

① 吴友如,等.点石斋画报·大可堂版:第1册[M].上海:上海画报出版社,2001:19.
② 吴友如.申江胜景图:卷下[M].扬州:广陵书社,2017:40.

在画面出现的人物中,女性占到半数。在《明眸皓腕》(见图3-3)①中,就有妇女围在一起打弹子的画面了。

图3-3 《明眸皓腕》

代表西洋生活方式的还有番菜馆。据《沪游梦影》记载:"番菜馆为外国人之大餐房……向时华人鲜过问者,近则裙屐少年、巨腹大贾,往往携姬挈眷,异味争尝,亦沾染西俗之一端也。"②上海滩的男性们携姬挈眷,番菜房中自然少

---

① 吴友如.吴友如画宝[M].北京:中国言实出版社,2017:115.
② 葛元煦,黄式权,池志澂.沪游杂记·淞南梦影录·沪游梦影[M].郑祖安,胡珠生,标点.上海:上海古籍出版社,1989:158-159.

不了女性的身影。《队结团云》(见图 3-4)①中显示几位手持琵琶、乘轿而来的弹词女艺人,正要进入一间西式建筑,屋内匾额上的文字显示为当时著名的杏花楼番菜馆。这些女艺人或妓女,一般是受男性的邀请出局应客。随着女艺人和妓女们频繁出入番菜馆,更多妇女开始自主进出番菜馆品尝西餐,身边已不见男伴的陪同。《别饶风味》(见图 3-5)②便描绘了这样的情景。

图 3-4 《队结团云》

---

① 吴友如.吴友如画宝[M].北京:中国言实出版社,2017:110.
② 吴友如.吴友如画宝[M].北京:中国言实出版社,2017:141.

图 3-5 《别饶风味》

到 20 世纪初,画报中出现了女性专属的娱乐场所。《图画日报》以《妇女听书之自由》(见图 3-6)①为题描绘了上海女性频繁出入书场的情形。一些有名的书场为了招徕生意,还设有女座专供妇女听书,可见女性已经成为书场的常客。甚至出现了女书场,在《女书场之热闹》(见图 3-7)②一图中,台上女弹词,台下女观众,济济一堂好不热闹,男性观众反而成了点缀。

---

① 环球社编辑部.图画日报:第 2 册[M].上海:上海古籍出版社,1999:151.
② 环球社编辑部.图画日报:第 1 册[M].上海:上海古籍出版社,1999:259.

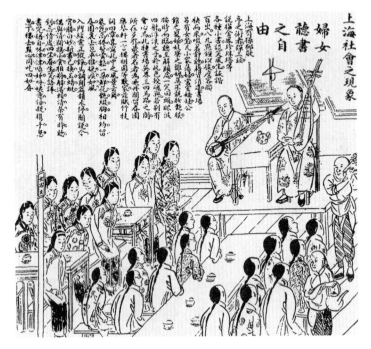

图 3-6 《妇女听书之自由》

在室内娱乐休闲场所中,处处可见女性出入,在更为开阔的室外,也常见各色女子穿梭其间。《申江胜景图》中就有女书寓(弹词女艺人)应召出局的场面,中式装扮的女子乘轿穿梭在由石库门、百叶窗、窗玻璃和西式路灯构成的里弄街巷,构成城市的独特风景。

与马路同时出现的,总是少不了各色交通工具。《四马路竹枝词》写过"玻璃轿子坐蓝呢,公务灯笼手内提。大脚娘姨跟得快,刚刚搀着上楼梯"①的街头景观。在画报中,女性形

---

① 顾炳权.上海洋场竹枝词[M].上海:上海书店出版社,1996:423.

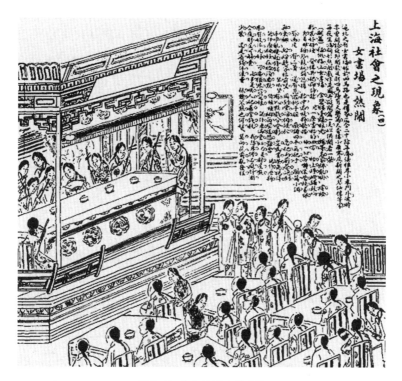

图 3-7 《女书场之热闹》

象也常常与各色交通工具联系在一起。选择现代交通工具出游的,有因为缠足不便走路的上层妇人,也有许多女性纯粹出于赶时髦的新奇心理。《龙华进香》(见图 3-8)[①]描绘了 4 个前往龙华寺烧香的女子,她们两两分坐在独轮车上。图画突显了"女性乘车出游"这个在当时日益普遍的现象。对于尚未解除双脚束缚的小脚女性而言,马车是租界中最著名的流

---

① 吴友如.吴友如画宝[M].北京:中国言实出版社,2017:118.

动的女性空间。《沪游梦影》介绍西人马车时曾提到"诸姬争效坐之"①,可见乘坐马车是晚清上海女子值得炫耀的行为之一。

图 3-8 《龙华进香》

伴随租界马路的开辟,马车的空间移动范围越来越广。到 19 世纪 90 年代,马车的活动范围东至黄浦滩,西至静安寺。"乘坐马车春赛马"是晚清上海人的大型公共娱乐之一,《点石斋画报》就记载了赛马会上"三天跑马亦雄观,妇女倾城挈伴

---

① 葛元煦,黄式权,池志澂.沪游杂记·淞南梦影录·沪游梦影[M].郑祖安,胡珠生,标点.上海:上海古籍出版社,1989:160.

第三章　出走的前奏：女性世界的拓展与传统礼教的松动 ▎ 95

看"的盛况。《赛马志盛》(见图 3-9)①描绘了乘坐各种交通工具前来的女性,其中就有不少妇女乘坐马车的身影。综观这一时期的画报,马车与女子这个景观组合几乎成了固定搭配。实际上,即便在风气开化的上海,女性乘坐马车也往往会遭到非议,因此,马车与女子的组合在当时并不算常见。罗岗认为,《点石斋画报》有意设计了一个个相关的场景,把马车与女性、兜风、街道、城区和公园等诸多因素紧密联系在一起,编织了一幅上海女性乘西洋敞篷马车游逛城区的形象化图景②。而这种

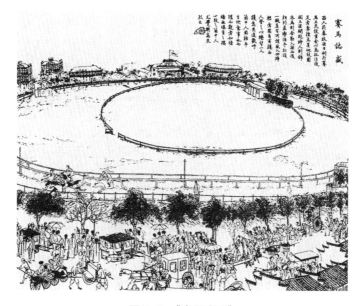

图 3-9　《赛马志盛》

---

① 吴友如,等.点石斋画报·大可堂版:第 1 册[M].上海:上海画报出版社,2001:14.
② 罗岗.性别移动与上海流动空间的建构——从《海上花列传》中的"马车"谈开去[J].华东师范大学学报(哲学社会科学版),2003(1).

场景出现在画报中,却会让时人误认为是普遍现象。《龟妓游街》(见图3-10)一图描写析津(北京西南的大兴县)官府打击妓馆的情形,配文部分就以上海作为对比:"沪上妓寮林立,每当旭日放晴,天公做美,莺莺燕燕,竞坐钢轮马车游行于六街三市。而龟奴鸨子亦或扬尘紫陌,如水如龙。其出入秦楼楚馆,自命为护花嬷者,趁夕照兮未残,逞一鞭之得得,更无论矣。"① 可以推测,女性乘着马车"招摇过市",在时人心目中已经成为晚清上海租界特有的都市景观。

图3-10 《龟妓游街》

---

① 吴友如.吴友如画宝[M].北京:中国言实出版社,2017:543.

从《点石斋画报》开始,上海城市空间的面貌几乎都被画报记录在案。城市空间作为一种可视化的要素几乎在每一幅新闻画中都可以看到,这在其他类型的报刊中是不曾有的。画报的形式决定了其对空间的关注和强烈兴趣。正如尼尔·波兹曼所言,形式决定内容。画报选择绘画而非文字来组织其版面,决定了空间成为画报版面的基础构成要件。

画报图像的场景设置有两个特点:第一,从出现频率来看,表现公共建筑和公共空间的图像较多;第二,如果没有明确的文字说明,画师倾向于将画面设置在公共空间中,如野外、市集、运动场、山间,而非私密空间。而中式集会、市集、祭祀等公共空间通常用来表现人群的聚集。不同于报刊史研究中通常关注的话语的公共性,画报的公共性体现在空间层面。正如胡天璧的分析:首先,画报的空间类型具有公共性,多将事件发生的场所设置为公共的,而非私密的;其次,画报在视觉结构上具有公共性,画报的取景大多较为开阔,采用透视技巧,多层次设景,即便是展现私密空间,也倾向于采用半开放的表现技法;最后,事件本身具有的公共性,大多数事件都有大量围观者,表明了事件的开放性和公众的参与度[①]。

亨利·列斐伏尔(Henri Lefebvre)指出:"如果未曾生产一个合适的空间,那么'改变生活方式''改变社会'等都是空话。"[②]如果说传统女性已经与内闱形成一种共生关系,那么新女性在画报的呈现中,大多是与茶馆、饭堂、戏院、马路等公共空间同时出现

---

① 胡天璧.《点石斋画报》"公共性"研究[D].北京:中央美术学院,2016.
② 薛毅.西方都市文化研究读本:第三卷[M].桂林:广西师范大学出版社,2008:24.

的。画报对于空间的呈现比文字更加直观。相对传统绘画,画报更偏重写实,呈现的是真实的日常生活场景,使开放的空间不只停留在想象层面,而是给读者带来一种具象的间接经验。而且,画报中空间几乎全部呈现出开放性的特质,虽然内外之别的规范具体到女性的言行举止各个层面,但这种规范的可操作性是借助空间的密闭来实现的。因此,画报将女性从私密空间中移植到公共空间的背景中,这本身就是对内外之别的一种直白的挑战。画报是一种记录,也是一种示范。在画报追新求奇、戏谑轻松的表现形式中,内外之别的严肃性不知不觉地被时尚和娱乐的氛围消解了,女性突破传统防线的出走有了相对轻松的理由和动机。

（二）介入当下

画报中的空间不仅仅是单纯的物理空间,还有人们生活的场所。城市不仅意味着物理空间的组合,城市作为地方、场所,还拥有社会属性,社会主体在其间的实践和生活构成了空间的社会属性[1]。画报中的空间总是在事件中,作为事件不可分割的一部分呈现出来。如此一来,空间中就充满了生动的日常经验。简言之,对于人的行动来说,空间成了有意义的社会地点。

《点石斋画报》的馆主美查谈论画报时,除了"绘图缀说"的表现形式,更强调内容的取舍标准——"取各馆新闻事迹之颖异者"[2]。画报与传统画册的不同之处在于,图像叙事只是画报

---

[1] 陈映芳,水内俊雄,邓永成,等.直面当代城市:问题及方法[M].上海:上海古籍出版社,2011:4.
[2] 尊闻阁主人.点石斋画报缘启[N].点石斋画报(第1号),1884-05-08.

第三章 出走的前奏:女性世界的拓展与传统礼教的松动

的形式,新闻是其基本内核,晚清的画报多以时事命名也是这个缘故①。鲁迅称画报为"要知道'时务'的人们的耳目"②。对于时事的强烈兴趣,始终是画报有别于传统画册的地方。画报之所以为"报",正是因为画报的时间意识非常突出。《点石斋画报》图片配文中常见"本月""上月"字样③。图画借助报刊这种媒介,也遵循报刊的规则,着眼于"当下"。早期画报多为旬刊,而石印技术的引进使画报在时效性上可与日报相媲美,创刊于1909年的《图画日报》就是最早的画报类日刊。出版节奏的空前加快,使画报更钟情于"当下的世界"。

《点石斋画报》按图画主题可分为《中外纪闻》《官场现形》《格致汇编》《海上繁华》。之后出版的《图画日报》长期设有《大陆之景物》《当代名人纪略》《营业写真》《上海社会之现象》等栏目,画报内容与时事同步更新。

画报内容覆盖广泛,小到闾里琐屑、民生百态,大到国际要闻、战场风云,均有涉及。

首先,《点石斋画报》善于将新闻故事化、戏剧化,街头巷尾的趣闻轶事自然不会错过。《博士肇事》描写茶馆中堂倌调戏前来吃茶的妓女和女佣,堂倌与女佣大打出手引得群众围观。即便是在上海这样开化程度高的地方,女性出现在公共场所也是个新鲜事,多半会成为群众视线的焦点,画报也格外关注女性的举动与外出过程中发生的争执和摩擦,往往会选择最富戏剧

---

① 陈平原.新闻与石印——《点石斋画报》之成立[J].开放时代,2000(7).
② 鲁迅.鲁迅选集:第2卷[M].海口:海南出版社,2013:256.
③ 陈平原.左图右史与西学东渐——晚清画报研究[M].北京:生活·读书·新知三联书店,2018:149.

化的场景和瞬间,当作茶余饭后的谈资添油加醋地记录下来。女性出游的主题,因为迎合大众窥私心理,往往在画报中占据较多篇幅。《少见多怪》(见图3-11)①记录了外乡人对上海新式生活方式的误解。福建人邹某初到上海,住在朋友家中,却从窗口看到邻居家两个男子抱着一个女子,还撩起她的裙子,实在有伤风化。事后才得知原来邻居是个做洋服的裁缝,正在用一种西式裁剪方法做女装,故有此举。上海作为中国最早开放的通商口岸之一,对西洋生活方式的吸收最为积极,而画中最引人注目的除了新奇的裁衣技巧,还有男女交际的自由和开放。

图 3-11 《少见多怪》

① 吴友如,等.点石斋画报·大可堂版:第6册[M].上海:上海画报出版社,2001:52.

《图画日报》对上海市民生活的呈现更为平实。《营业写真》作为固定栏目,共介绍了456种小买卖,其中有40幅介绍女商贩,有的走上街头向人推销彩票,有的正提着秤杆卖东西,有的坐在室内专注地干些细活,还有一些从事捉牙虫之类的不常见职业。很多开埠之后出现的新职业对市民极具吸引力,有许多幅图展示了居家的妇女们在听到小贩们的叫卖声后,纷纷走上街头的情形。在街上购物时,她们还可以借机与邻人攀谈。在都市浓厚的消费氛围中,城市妇女借买东西的契机漫步街头,在画报中很常见。《上海社会之现象》栏目对准上海风气渐开的过程中市民对新奇装束和西洋玩意儿的追逐,虽然图画的配文常是批评的口吻,认为都市男女们对时尚的过度追求为乱世之象,但一点也不妨碍这些时事画成为另一种形式的时尚广告。1909年11月,上海出品协会在张园举办为期一月的商品会展,《图画日报》连载数期《出品协会会展之盛况》。市民们对此次前所未有的大型会展热情高涨,不少女性呼朋引伴前去参观,《图画日报》的24幅新闻画中就频频出现女性看客的身影。

　　其次,美查曾在《点石斋画报缘启》中提到画报初创的机缘是"近以法越构衅,中朝决意用兵,敌忾之忱,薄海同具。好事者绘为战捷之图,市井购观,恣为谈助"①。因此,由战争催生的《点石斋画报》不只报道日常琐事,还兼及宏大的时事格局。国事战情与民生趣闻的表现风格有较大差异:民生趣闻通常选取事件中的一个精彩瞬间,篇幅短小,突出戏剧性;国事战情通常

---

① 尊闻阁主人(美查).点石斋画报缘启[N].点石斋画报(第1号),1884-05-08.

会用较多篇幅作连续性的呈现,追求事件的完整性。在《点石斋画报》刊发期间,曾爆发中法战争和中日甲午战争,画报中两场战争相关内容不少于 140 幅图,内容涵盖中外冲突、战场情景、官员将士、民众抗战等,连接起来可构成完整的战争叙事。研究者对画报的战争叙事多有诟病,尤其与当时的严肃报刊相比,画报偏娱乐化的风格导致战事报道不够"真实"——将女性传奇故事加入战争叙事中,就属于不实。例如,描写中日甲午战争中的平壤一役,《各树一帜》(见图 3-12)①、《女将督师》(见图 3-13)②等画明显带有夸张的传奇色彩,说的是建威将军左宝贵战死平壤,左夫人立志替夫报仇,"号召巾帼之中有须眉气者",集结成一队娘子军,奔赴前线。左夫人上阵杀敌的英勇事迹在正史中并不可考,这几幅图明显带有小说、戏曲中杨门女将的印记,虽有神化之嫌,但最为激动人心,后来的民间文学对这段故事有许多演绎,如《中东大战演绎》《都门纪变百咏》。将战事与女性相结合,出于大众趣味的考虑,同时,表现女人的大义和英勇,目的是反衬朝中男性将领临敌退缩的可悲和对国家前途的忧虑。画报中这类传奇故事,将保家卫国的期望寄托于女性身上,在当时恰与主流话语中对女性价值和责任的重新定义一致:不仅要求女性宜室宜家,更要有益于国事。从民间的不断演绎来看,当时读者较为相信这段故事。主流话语对女性的建构实际上也在潜移默化中影响这些看似立意不高的市井小报。

---

① 吴友如,等.点石斋画报·大可堂版:第 2 册[M].上海:上海画报出版社,2001:13.
② 吴友如,等.点石斋画报·大可堂版:第 12 册[M].上海:上海画报出版社,2001:200.

第三章 出走的前奏：女性世界的拓展与传统礼教的松动

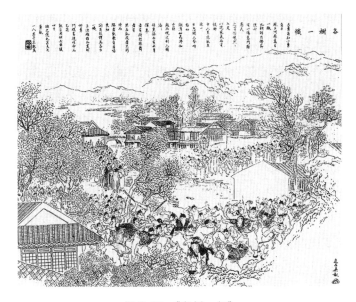

图 3-12 《各树一帜》

图 3-13 《女将督师》

后世学者对于画报的历史价值多有赞誉,认为画报"对于今人之直接触摸'晚清',理解近代中国社会生活的各个层面,是个不可多得的宝库"①。老报纸对于后世之人是历史,而对于其时的民众,却是正在发生的"当下"。借助画报直接触摸晚清的不只有后世之人。报刊的意义在于将人与"现时"连接,而使其置于现实的环境之中。

如罗伯特·帕克所说,新闻意在"使人们和社会熟悉实际的世界,以此保持个体心智正常和社会有序"②。对幽闭的传统女性而言,借助画报,超越有限的经验,与当下的世界发生某种关系,增加谈资之余,也是必要的心理准备:至少在知的层面,她们对社会不再陌生。

《日新画报》的发刊词说得明白:"不识字的人,看见新闻画,也可以明白了事,再者姑娘学生老太太们,拿着当画儿看,也可以添好些个见识。"③笔者将晚清画报视为一种新型的女性读物来考察。阅读不仅是接受信息,更重要的是,阅读可以抵达直接经验以外的世界。这种经验对于女性认知自我和感知外部世界有重要的影响。"至近至远东西,至深至浅清溪。至高至明日月,至亲至疏夫妻。"唐代女诗人李冶的《八至》就是传统女性时空感知模糊、生命经验单一的写照。古代女性读物的内容局限于闺房中夫妻礼仪和家庭责任,并且女性读物对女性在家庭范围的视、行、说、想、做都有事无巨细的规定。甚至大部分男性作品中的女性,也仅仅与闺怨等狭隘的主题联系在一起。女性

---

① 陈平原.点石斋画报选[M].贵阳:贵州教育出版社,2000:1.
② R. Park. Society[M]. New York: The Free Press, 1955: 71-81.
③ 《日新画报》出版刊词[J].日新画报,1907(2).

就在这种文化意象中与闺房和家庭紧紧捆绑在一起。陈志群曾评价传统女子"皆只有一身,不知有一家,只有一家,不知有一国"①,指责女性狭隘局限。这样的阅读体验将女性世界局限在家庭这个狭小的场景内,几乎切断了与更广阔的外部时空的一切联系,女性自我也只能在这样的时空经验里成长。

如严复所言,阅世即"读今人之书",画报中的生活世界正是严复所说的"今人之书",阅报即阅世。从闺怨到拿起望远镜瞭望外面的世界,画报中的新时空勾起了中国女性冲出闺阁的强烈愿望,女性被置于开放的、随时间流动的新场景内,女性世界的固有边界在画报的呈现中悄然坍塌,女性的行动场景在感知和实践的层面开始由内向外拓展。而这个"外",与其说是由画报表征的,不如说是由画报建构的。为数不少的传统女性还无法具身地感受外面的世界,但通过阅报,"外"再也不用经由另一性别为中介,而成为一种可被女性自我感知的时空经验,开始变得具体而清晰。

三、颠覆礼俗秩序:兜售新风尚

凡画报者,谈及宗旨,"启蒙"和"正俗"是使用频率很高的关键词②。"启蒙",就是以新知、时事来开通民智;"正俗",就是对人们的言行举止加以评述,以正风俗。画报确实做到了启

---

① 大我(陈志群).女魂.读者按[J].女子世界,1906(1).
② 陈平原.左图右史与西学东渐——晚清画报研究[M].北京:生活·读书·新知三联书店,2018:307.

蒙,只不过画报的表现形式决定其无法承担也无意承担批判性的观念启蒙。相比主流的政论报刊,画报的启蒙对于女性更多的是感知层面时空经验的启蒙,拓展了女性对日常空间的感知,超越有限的经验与变动不居的新世界连接,并在更广阔的场景内反观自身。这对于传统女性适应出走之后的社会生活是十分必要的心理准备。但若从"正俗"来看,画报中大部分都市女性的举止和形象,是与传统礼俗背道而驰的。

(一) 由静到动的审美

如前所述,画报脱胎于明清仕女画,钟情于表现女性的体态和身姿,但两者的差别在于,仕女画多描绘事物,画中的女性在大多数情境中是作为景致的一部分呈现出来的,在一定程度上,女性也是一种景物。仕女画的审美与传统纲常礼教相吻合。汉代班昭提出:"阳以刚为德,阴以柔为用,男以强为贵,女以弱为美。"① 女子以弱为美的审美取向,在明清仕女画中表现为纤瘦柔软的身形和沉静安稳的姿态。而报的媒介性质,决定了画报的视野:呈现的是事件而非事物,由于篇幅限制,画面往往捕捉事件中最富戏剧性和动态感的瞬间。因此,画报中的女性是作为行动主体而非景致的一部分出现在画面中。在女性姿态的表现上,画报通常会以女性的动态来赋予画面生动感。画报的叙事取向,在一定程度上引起典型女性形象的变化。

画报中的女性大多行动自如、顾盼生姿,几乎不见传统妇女

---

① 高罗佩.中国古代房内考:中国古代的性与社会[M].李零,郭晓惠,等译.上海:上海人民出版社,1990:154.

"应有"的畏首畏尾、羞怯避人的姿态。早期出游女性多为娱乐业者,上海的各色娱乐活动几乎都有她们的身影,妓女、女弹词艺人们的繁忙状态常常被画报借以表现洋场的热闹繁华。画报常选取妓女、女弹词艺人们行色匆匆,或流转于茶馆酒肆,或穿行于街头巷尾的画面。《元宝翻身》(见图3-14)①甚至定格了妓女陆兰芬撞车落地的瞬间。妓女所坐的黄包车在酒楼林立的马路上疾驰,由于速度过快而迎面撞上对面的车,路人哄笑不已,远处的一些妇人和酒楼里的客人都伸着脖子望向这一幕,热

图3-14 《元宝翻身》

---

① 吴友如,等.点石斋画报·大可堂版:第14册[M].上海:上海画报出版社,2001:209.

闹活跃的气氛跃然纸上。若仔细观察,会发现画报中妓女、女艺人们虽多为小脚,但有了交通工具的辅助,行动也并不受限,最喜欢东游西逛的正是她们。

画中疾走的多为大脚的女佣、女工。妓业是女佣聚集的行业之一,年长已婚的女佣被称为姨娘,年少未婚的女佣被称为大姐。上海大小妓馆皆雇女佣,她们忙前忙后照料一切,从接待客人进门、照应妓女出局,到端茶递烟,多方招揽,甚至还要追索欠账。因此,在马路上,妓女坐轿,姨娘、大姐就在轿旁快步跟着。因为这些女佣多出自农村的贫苦家庭,所以多为大脚,"大脚姨娘"甚至成为上海女佣的别号。在《雌雄翔集》中,大脚姨娘端茶递水。在《香衣相逐》(见图3-15)[①]中,姨娘快步走在轿夫前面,给后面的轿子引路。在《队结团云》里,一个姨娘搀着小脚妓女下轿,另一个则拿着琵琶、扶着女弹词艺人进番菜馆。画报中的大脚妇女们大多麻利能干、健步如飞,性格外向泼辣,不输男子。《博士肇事》中的女佣就敢于与调戏自己的堂倌大打出手,丝毫不惧怕退让。

上海周边的农村女性除了进城做女佣,还有一部分成为第一批现代工厂的女工。自19世纪80年代起,上海开始出现机器缫丝厂。因为晚清上海周边的农村妇女在家庭劳作中有缫丝纺纱的经验,所以工厂喜用女工,于是,画报中的上海城郊开始出现女工的身影。1895年《马关条约》签订后,外国资本大量涌入,加上清政府放宽了民间设厂的限制,上海的工

---

① 吴友如.吴友如画宝[M].北京:中国言实出版社,2017:143.

图 3-15 《香衣相逐》

厂、工人数量大增,女工人数也随之增加。《缫丝局》(见图 3-16)①画面中几个女工正走进庞大的现代工业厂房。《女执筼筐》(见图 3-17)②则表现女工下班回家的场景,手执筼筐和雨伞的大脚女工们在某缫丝局门口道别,淡定从容地走回家。画面中,雨伞几乎是每个女工的常备物品,说明她们一般无钱搭乘交通工具,多是徒步往返于工厂和住所。在画报中还可以看到许多不明身份的大脚妇人站在街头闲谈,神态自然。《申报》有言:"乃上海地方妇女之蹀躞街头者,不知凡几。途间或遇相

---

① 吴友如.申江胜景图:卷下[M].扬州:广陵书社,2017:50.
② 吴友如.吴友如画宝[M].北京:中国言实出版社,2017:121.

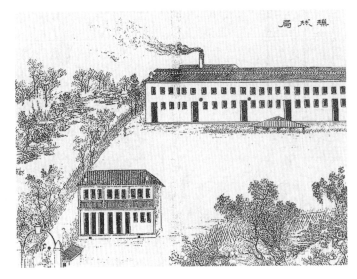

图 3-16 《缫丝局》

图 3-17 《女执懿筐》

识之人,欢然道故,寒暄笑语,视为固然。"[1]

在《点石斋画报》创设之前,传教士报刊已经开始讨论中国女性的缠足问题,但由于夷夏之辨的偏见,传教士报刊和教会创设的不缠足会的影响力仅限于教会成员之间。《点石斋画报》中并未直接触及缠足问题。尽管如此,画中女性行动自如的状态已经与现实中缠足女性佝偻缓慢、寸步难行的体态有了很大区别。尤其画报对大脚女性的呈现,无意中构成了对当时流行审美的挑战。如高彦颐所言,缠足在很大程度上是在时尚和审美的范畴内被传统女性接受的,大脚被排除在女性美的标准之外。在画报中,大脚女性和缠足女性一样是审美对象,身姿优美,面容姣好,"虽大脚而貌皆楚楚"[2]。画报带着同样欣赏甚至情欲的眼光表现女性美,这当然是画报迎合大众口味的一种无意识的取向,却在实际上打破了缠足对女性美的"垄断",引导社会审美标准趋向多元化。

19世纪末,《时务报》将女性的缠足问题推上了政治舞台,《时务报》同人于1897年成立上海天足会,缠足这项传统习俗因进入强国保种的话语序列而受到猛烈抨击。虽然天足运动随着戊戌变法的失败戛然而止,但20世纪初大小报刊几乎都延续了这种从政治层面言说女性身体的视角。在《图画日报》第2号的《缠足不缠足之比较》(见图3-18)[3]中,画上的两名女子穿着打扮相似,唯一的区别是双脚,大脚女子撑着洋伞悠闲漫步,

---

[1] 二人摸乳被枷[N].申报,1872-06-04.
[2] 顾炳权.上海洋场竹枝词[M].上海:上海书店出版社,1996:92.
[3] 环球社编辑部.图画日报:第1册[M].上海:上海古籍出版社,1999:21.

小脚女子以手扶墙表情痛苦。用对比的方式直接尖锐地指出缠足问题,这在此前的画报中实属少见。在《女界之过去现在将来》(见图3-19)①中,画面上有三类不同装扮的女性,分别为"窗帘后的传统妇女""东洋车上的小脚妇女""穿西装、戴眼镜的天足妇女"。《女界风尚之变迁》(见图3-20)②以"缠足妇女"

图3-18 《缠足不缠足之比较》

---

① 环球社编辑部.图画日报:第1册[M].上海:上海古籍出版社,1999:117.

② 环球社编辑部.图画日报:第1册[M].上海:上海古籍出版社,1999:141.

第三章　出走的前奏：女性世界的拓展与传统礼教的松动　113

图 3-19　《女界之过去现在将来》

图 3-20　《女界风尚之变迁》

"读报妇女""扛枪妇女"作为女界风尚迭代的标志。这类寓意画对缠足问题的表现,显然超越了审美的层面,更接近政论报刊国族建构层面的表述。与《点石斋画报》时期相比,大脚女性在《图画日报》上已经取代缠足女性,成为典型女性形象,如无特殊场景,画中女子一般皆为大脚。

除了行走,画报中还有许多展现女子骑车、御马的画面。上海开埠之后,很多新式交通工具开始出现在租界的马路上。《点石斋画报》中的《西妇善御》(见图3-21)①表现了一位西洋女性擅骑自行车,在道路上公然与马车并行,路人纷纷侧目,甚至还有一人脱帽致敬,骑车女子神采飞扬,颇为得意。自行车这种前所未见的交通工具已经让国人新奇不已,更别说骑车的还是一名女性,很快引发了模仿风潮。"初唯一二矫健男子取其便捷,互相乘坐"②,但在画报中多是女性骑车的画面。在《图画日报》中,女子骑自行车已经不是什么稀罕事,"每当马路人迹略稀之地,时有女郎三五试车飞行"。在《妇女亦乘脚踏车之敏捷》(见图3-22)③中,六名女子骑着自行车,从身姿可以看出,她们十分熟练敏捷,身上传统服装和脚下的现代交通工具形成了强烈的视觉张力。还有不少新闻画中出现女子参与现代体育活动的情形,如《明眸皓腕》中女子打台球、《泗水会》(见图3-23)④中女子游泳的场景。

---

① 吴友如,等.点石斋画报·大可堂版:第7册[M].上海:上海画报出版社,2001:309.
② 环球社编辑部.图画日报:第3册[M].上海:上海古籍出版社,1999:43.
③ 环球社编辑部.图画日报:第3册[M].上海:上海古籍出版社,1999:43.
④ 环球社编辑部.图画日报:第1册[M].上海:上海古籍出版社,1999:324.

第三章 出走的前奏：女性世界的拓展与传统礼教的松动

图 3-21 《西妇善御》

图 3-22 《妇女亦乘脚踏车之敏捷》

图 3-23 《泅水会》

如果传统女性是以"静如处子"为美,画报中的女性美则表现为"动若脱兔"。从审美的角度来说,画报中的各色女性在读者的头脑中逐渐拼凑成一个全新的典型女性形象——灵活生动、轻盈敏捷。这种印象会对人们头脑中典型的传统女性形象构成挑战,并逐渐演变成一种新的社会现实。对于缠足问题,画报虽然表现出向政论报刊靠拢的趋势,但总体上并没有政论报刊那样立意深远,而是从更为日常的时尚审美的角度消解了缠足对女性美的"垄断",这种消解甚至是在无意间达成的。

(二)混淆"良贱之别"

从上文所举示例中可以看出,妓女在画报中出现频率较高。值得注意的是,即使不是妓女,女性在画报中也常常成为情欲的对象。无论是直接表现女子容色的《时见美人》(见图3-24)①、《鬓发如云》(见图3-25)②,还是展现西式生活方式的《有女同车》(见图3-26)③、《一鞭残照》(见图3-27)④,

图 3-24 《时见美人》

① 吴友如.吴友如画宝[M].北京:中国言实出版社,2017:114.
② 吴友如.吴友如画宝[M].北京:中国言实出版社,2017:115.
③ 吴友如.吴友如画宝[M].北京:中国言实出版社,2017:125.
④ 吴友如.吴友如画宝[M].北京:中国言实出版社,2017:131.

其观看逻辑已经泛化开来,如果没有文字说明,单从画中,大家闺秀和娼门妓女实在看不出什么分别。特别是在对女学生、女工的报道中,更为明显。画报通常会忽略这些女性的社会身份,也不太留意女性进入公共空间的社会意义,反而更注意她们的穿着打扮。画报中的女性几乎都被当作"时装美人""流动的风景"来欣赏。

图3-25 《鬓发如云》

一般而言,男性喜阅画报,多是因为可以毫无顾忌地欣赏女性的容色身姿。而女性喜阅画报的原因,大半是将画报当成时尚消费的广告和风向标。画报对女界时尚的引领,最先表现在服饰妆容方面。

第三章 出走的前奏：女性世界的拓展与传统礼教的松动

图 3-26 《有女同车》

图 3-27 《一鞭残照》

画报上的城市女子造型在形貌上迥异于传统仕女,尤其妓女的服饰,在画报中被极力凸显。对于妓女而言,外表是获得客人青睐的重要筹码,因此,她们在追求时髦、讲求自我包装方面不遗余力,为画报提供了源源不断的灵感与素材。据统计,《点石斋画报》中表现娼妓服饰的就多达107幅①。画报也成为妓女们树立个人风格以抬高身价的助力者。

《不甘雌伏》(见图3-28)②记录了上海同安里名妓王云仙为求与众不同的异性装扮,头戴瓜皮小帽,身穿京式元绉棉袍、

图 3-28 《不甘雌伏》

---

① 高蓉.基于《点石斋画报》的晚清民间服饰与风俗研究[D].无锡:江南大学,2015.
② 吴友如,等.点石斋画报·大可堂版:第6册[M].上海:上海画报出版社,2001:229.

第三章　出走的前奏：女性世界的拓展与传统礼教的松动　121

竹根青马甲，足穿旗装镶鞋，引来无数看客。经过画报对王云仙异装事件的渲染，该妓女一时间名声大噪、身价大涨。《花样一新》(见图3-29)①生动地还原了一场上海地区妓装展示的盛会。有狎客在尚仁里某妓院喝酒，其间有人提出，大家各唤一妓，着装不得相同，"撞衫"者须罚酒。随后就出现了图中所绘的场景：众多妓女环绕席间，服装各异，中式旗袍、日式和服、洋服、道袍、男装、燕赵装扮等，令人眼花缭乱。这幅画表现的场景在当时被沪上诸多报馆引为奇观，《申报》编者感叹道："服饰之奇，莫奇于沪上，尤莫奇于娼家。无端而艳妆浓抹如新嫁娘矣，

图3-29　《花样一新》

① 吴友如,等.点石斋画报·大可堂版：第5册[M].上海：上海画报出版社，2001：20.

无端而缟衣素裳如未亡人矣,又无端而不男不女、不中不外表异于群芳。"①

妓女们被画报包装成时尚先锋,不少大家闺秀心动不已,竞相效仿。如竹枝词中所说:"闺门妇女亦随波,有似新娘有似婆。时式衣裳时式髻,神凝目定语无多。"②在20世纪90年代,女子争穿"元宝领"的风潮就是对妓装的模仿。根据《图画日报》中《男女衣服高头领之诧异》(见图3-30)③的记载,元宝领

图3-30 《男女衣服高头领之诧异》

---

① 点石斋启.一百四十七号画报出售[N].申报,1888-04-17.
② 顾炳权.上海洋场竹枝词[M].上海:上海书店出版社,1996:23.
③ 环球社编辑部.图画日报:第2册[M].上海:上海古籍出版社,1999:559.

甚至从妓装蔓延到男装,时装的感染力可见一斑。再如,有段时间妇女流行穿滚边马甲,这在从前是典型的婢女服装样式,"自妓院中有一二婢学夫人者出,巧制艳色马甲,饰以外国黑白各花边,标新领异",随后受到各阶层妇女们的跟风追捧。《图画日报》中《妇女竞穿滚边马甲之耀眼》(见图 3-31)①表现的就是这个情形。

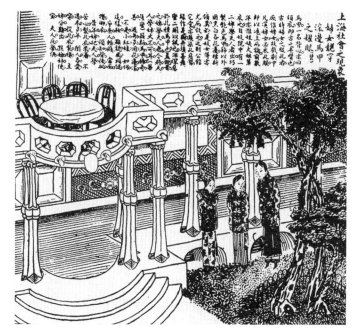

图 3-31 《妇女竞穿滚边马甲之耀眼》

画报不仅摹写时尚,也参与制造时尚。为表现女性的时髦优美,画报经常主动借鉴时下流行的妓装。如此一来,画报中妓

---

① 环球社编辑部.图画日报:第 2 册[M].上海:上海古籍出版社,1999:499.

女、弹词艺人、姨娘、大姐、闺秀、淑女,服装妆容特征逐渐趋同。妓女艺人争奇斗艳,闺门秀女妆发新潮,就连来自农村的佣人女工们也是"一班大脚尽浓妆",从外表上几乎难以辨认她们的身份。有研究者提到在《队结团云》这幅新闻画中,如果不借助其他文字资料,很可能误将画面中手执琵琶的妓女认成士绅阶层的夫人或闺秀①。这从侧面说明画报中女性服饰与女性的社会身份脱钩这一事实。

妓女们与画报的互动不断催生出晚清女性服饰的新样式,在上海乃至周边地区掀起一股服装革命的风潮。"妇女服饰的翻新速度较男子尤甚,花边镶滚日新月异,几个月前还时髦的样式,几个月后就过时了,所以每个月都得制几套衣服。"②上海地区"女子衣服大率取法娼妓"③,《申报》对此种风气颇有微词,认为"时人之于服色,多不从上而从下",但也无可奈何,"然风会所趋,挽回亦正不易"④。由此带来的意外效果就是,原本严格的"良贱之别"在消费风潮之下逐渐模糊。

实际上,晚清女性的实践在很多方面逸出了国族话语的框架,其中,服饰的变革正是中国妇女寻求建立主体身份的重要依据之一。服饰在中国传统文化中的作用,除了是个人社会阶层、身份、职业的判别外,更是礼教仪节与社会秩序在现实生活中的

---

① 姚霏.空间、角色与权力:女性与上海城市空间研究(1843—1911)[M].上海:上海人民出版社,2010:148.
② 张敏.试论晚清上海服饰风尚与社会变迁[J].史林,1999(1).
③ 论服色宜正[N].申报,1894-03-16.
④ 论服式不宜过于奢华[N].申报,1891-12-10.

具体线索①。"人们的社会交往历来也是良贱有别,贱民不能与良人平等交往,不能与良人平起平坐,须对良人执恭敬之礼,日常礼节和穿戴服饰,都须与良人有明显的身份区别。"②由此看来,良贱之别最清晰的线索就是服饰妆容。对于传统被局限于家户之内的妇女来说,娼妓的那种百无禁忌的着装是绝对禁止的。官家女子的妆饰更为严苛,还需要与丈夫的身份地位相匹配。对于闺门女子而言,妆饰从来都不是个人可以任意取弃的。而画报的呈现使服饰逐渐褪去了良贱之别、尊卑之别,将服饰还原为纯粹的审美元素,于是,晚清上海女性"靓妆倩服效妓家,相习成风,恬不为怪"③。服饰风气的转移意味着女性自我定位的变化,借助多元化的服饰,女性的个人欲望得以在公共空间张扬。

服饰在很多情况下还是女性出入的通行证。晚清时期,抛头露面的女子多为娼妓,良家妇女一般不能出入公共场所。文学作品中曾有女子作男装打扮行走社会的情节,但真正敢于实践的少之又少。因此,当人们无法从服饰中读出女性的身份信息时,反而使女性出入各种场合多了一重保障。例如,茶馆一开始仅有妓女、艺人出入。1878 年时人记载:"妇女入茶馆瀹茗,向惟苏垣有之,今上海洋场仿行苏式,因亦有此风。然惟小家女及曲院妓耳,大家闺秀固从未有涉足焉。"④而不

---

① Henrietta Harrison. The Making of the Republican Citizen: Political Ceremonies and Symbols in China, 1911−1929[M]. Oxford: Oxford University Press, 2000: 49−50.
② 李长莉.晚清上海社会的变迁——生活与伦理的近代化[M].天津:天津人民出版社,2002:200.
③ 葛元煦.沪游杂记[M].郑祖安,标点.上海:上海书店出版社,2009:79.
④ 游园品茗[N].申报,1878−03−07.

同阶层、不同身份的女性的妆饰趋于混同之后,出入茶馆的闺门女性渐渐多了起来。到1885年,"不特洋场,即乡间有扶老携幼,呼朋引侣而至者;不特妓馆,即良家有浓妆靓服,乘风踏月而来者"①。《图画日报》曾刊出两则本埠新闻,两位平民妇女为了进出娱乐场所,一个着艳装,一个扮作男装,都被警方误认为出局的妓女。结果,由于当时风气已经非常普遍,无论是穿男装还是着艳装的女性,均不予追究。过去附加在服饰上的道德约束,在多样化和个人化的女性服饰面前逐渐失去了效力。服饰的"越轨"所突显的不只是礼教伦常的颠覆,也是性别界线与社会秩序重整的开端。有了"奇装异服"的保护,都市女性的举动越发大胆起来,突破礼俗的惊人之举屡屡见诸报端。

(三) 突破"男女大防"

在当时的社会公众看来,追逐时装多少有点女性在自己的领域自娱自乐的意味,而男女交际的公开化和自由化则真正动摇了上千年传统道德中最为要紧的"男女大防"。传统道德实践赋予不同空间以性别属性,并以此规训两性的交往。在家庭领域,空间隔离作为一种有效的措施,可以保证男女交往规范有序。而公共空间由于其开放的属性,空间隔离不再奏效,就显得十分危险。因此,在越开放的空间中,看不见的道德屏障就越牢固。公共空间的男女交往往往承受着更多的关注和道德压力。

---

① 洋场妇女出入烟馆茶楼说[N].申报,1885-01-09.

画报格外关注公共空间中的男女交往。在以女性为主体的新闻画中,男性注视的目光总是如影随形;而在以男性为主体的画面中,女性总是点缀在侧。上文诸例子可见,这种男女共在的画面构图在画报中几乎是一种常态。

从《点石斋画报》对洋场娱乐生活的诸多描绘中,都可以看出画师对公共场所中男女杂处的景象十分感兴趣。19世纪70年代,就有妇女前往租界戏园看戏:"上海一区,戏馆林立,每当白日西坠,红灯夕张,鬓影钗光,衣香人语,沓来纷至,座上客常满,红粉居多。"①到19世纪八九十年代,画报中已经可以看到各阶层男女到戏园看戏的情景。在《华人戏园》(见图3-32)②中,

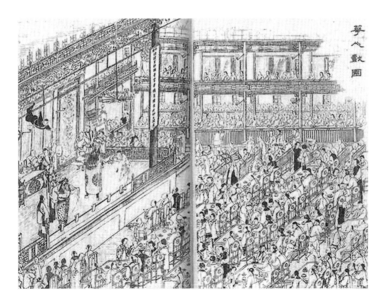

图3-32 《华人戏园》

① 邑尊据禀严禁妇女入馆看戏告示[N].申报,1874-01-07.
② 吴友如.申江胜景图:卷下[M].扬州:广陵书社,2017:20.

台上艺人唱念做打,台下男女熙熙攘攘,二楼偏厢中还有结伴而来的女子。画家的关注点显然"半在台上半在下",座中男女杂坐的情形是画家极力突显的。在《和尚冶游》(见图3-33)①中,画师干脆舍弃了对戏台的描绘,将视角完全瞄准观众席。这幅画本来要讲述的是一名和尚携妓到老丹桂戏园看戏的奇闻,然而,原本的主人公却淹没于戏园群像中,戏园中的男男女女谈笑风生、交头接耳。在画师看来,这样的场面比奇闻还值得一看。

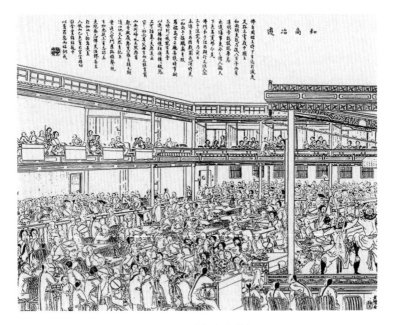

图3-33 《和尚冶游》

---

① 吴友如,等.点石斋画报·大可堂版:第1册[M].上海:上海画报出版社,2001:129.

公园中男女结伴而游的情景就更多了,"愚园游罢又张园,裙屐追随尽少年。目送惊鸿翩自去,路傍蹴得碎花钿"①。晚清上海还出现了一种"夜花园":"上海之有夜花园,非今岁始矣,溯自西人研究卫生。每当夏秋之交,禁止游人在各花园夜游后,知有利而不知有害者,乃纷纷在租界之界线附近,搭盖茅亭数座,藉供暑夜游客憩息,并亦俨以花园为名。"(见图 3-34)②夜花园中除售茶卖酒,还会上演戏剧供人观赏。相比茶馆、戏园、

图 3-34 《夜花园之滩簧》

---

① 李宝洤.海上竹枝词//雷梦水,潘超,孙忠铨,等.中华竹枝词:第 2 卷[M].北京:北京古籍出版社,1997:784.
② 环球社编辑部.图画日报:第 1 册[M].上海:上海古籍出版社,1999:223.

书场、夜花园消费门槛更低,属于近代公共性质的场所,又因为在夜间开放,便成了众多男女幽会的地方。《图画日报》就有男女聚集于夜花园的画面,他们的行为举止比在茶馆酒肆更为亲密。

相比平民男女的日常交往,妓女、艺人等与男子的往来更加大胆。在烟馆中,女堂倌招惹少年男子毫不避忌,而流动妓女更是以"打野鸡"的经营方式在街道闲行,"往往借一榻之烟霞,订三更之云雨"①。这些行为在画报的渲染下颇具情色意味。19世纪末,上海出现过"台基"一类的淫媒,为男女提供幽会场所,有一定经济能力的娼妓女佣们时常光顾,画报对于上台基轧姘头的事件也有不少记录。

男女突破礼俗的行为屡见报端,在社会上引起了反感甚至恐慌。反对女性进入公共场所、维护"男女大防"的声音越发强烈。1893 年《申报》上的文章《妇女不宜轻出闺门说》劝说妇女远离公共领域。作者列举了戏园、酒肆、茶馆、园林,并详细指出了这些空间中女性活动的斑斑劣迹,甚至认为"则宁毕生闭置,无异罪囚,莫使浪蝶狂蜂轻觑此千金之体"②。夜花园尤其遭人诟病,有人认为盗窃频发、惊扰邻里、滋生疾病、浪费光阴等,而这些都比不上男女混杂的危害。1909 年 7 月 7 日的《申报》上就有人谈到夜花园中"一班寡廉鲜耻之鸟男女方将约姘头、邀相好、坐夜马车、游夜花园,招摇过市以为乐",呈请政府下令查禁夜花园。上海道台最终出手查禁夜花园的理由也与之类似,

---

① 葛元煦,黄式权,池志澂.沪游杂记·淞南梦影录·沪游梦影[M].郑祖安,胡珠生,标点.上海:上海古籍出版社,1989:114.

② 妇女不宜轻出闺门说[N].申报,1893-08-21.

"上流社会人多青年子弟、良家妇女,借游园之名作秘密之机,失节丧名不知凡几。罪恶滔天,实较北里为甚"①。一些传统礼教卫士本能地察觉到社会失序的威胁,于是,"关于社会动荡或男性美德失堕的焦虑就投射到女性身上"②。对女性实施隔离成为制止这种焦虑和恐慌的灵丹妙药,女性空间的延展面临空前舆论阻力。

画报的本意似乎并不是要鼓励男女逾越礼制的交往行为,毕竟画报号称以正俗为目标,介绍新知的同时,维护传统礼教也算是画报的初衷。因此,这些表现男女交际的图画,配文时常透露着反感,甚至讽刺。例如,《图画日报》虽表现茶馆中男女交谈的热闹场景,配文却十分不屑:"租界雉妓向皆聚集于四马路之青莲阁。自去冬青莲阁关闭后,即群集于四海升平楼。六七点钟时,翔集飞鸣,嘈杂至不可耐,而附膻逐臭者,转以此为乐境焉。"③这种图画与配文立场不符甚至相悖的情况在画报中甚是常见。至于原因,一方面,画报中的绘画和配文很多时候并非出自一人之手④;另一方面,笔者认为,画报本身的趣味和目标读者的喜好,决定了画报不会错过带有"桃色意味"的新闻,这些直接刺激感官和激发窥私欲望的画面正是画报销量的保障,而为了顾及正俗的初衷,同时深知这些画面的示范效应,画报巧妙地采用配文来表达其立场和态度是一种兼顾商业和教化的叙事

---

① 详陈夜花园之弊害[N].申报,1910-07-24.
② 白馥兰.技术与性别:晚期帝制中国的权力经纬[M].江湄,邓京力,译.南京:江苏人民出版社,2006:133.
③ 环球社编辑部.图画日报:第1册[M].上海:上海古籍出版社,1999:487.
④ 陈平原.左图右史与西学东渐——晚清画报研究[M].北京:生活·读书·新知三联书店,2018.

策略。

除了用文字表达正俗的立场,画报还着意树立贞妇、节妇的典型。在早期画报中,有不少以"守贞""殉夫"为主题的报道。借图说女子深居内室、衣装简素、举止贞静,达到对传统妇德的扬举。甚至将这些妇女及其事迹鬼神化,例如《孝媳感神》《节妇为神》《鬼护节妇》等图,意在警示女性,想要获得神灵庇护就必须坚守"妇德"。但到了后期,这类图画大幅减少。一方面,时移世易,社会风气早已不似从前;另一方面,这类传统说教已无法激起读者的兴趣。

实际上,画报的正俗很有可能走向了相反的方向。若从画报正俗的本意出发,对男女交往的关注是为了形成一种道德压力以维护"男女大防",从相关画面的配文中可以看出画报的这种意图。然而,这些"出格"行为公开化的同时也伴随一种常态化的风险——正因为公共空间中男女的交往和接触容易引人注目,所以原本并不常见的画面被画报悉数记录。出于取悦读者的目的,画报大多采用一种暧昧的笔法将其再现于大众眼前,甚至不乏夸大渲染的成分,充斥报端的越轨行为在读者看来反而成了一种常态。虽然画报试图用文字来纠正风气、表明立场,但考虑到画报的主要读者本就以不识字者居多,因此,建构意象、传递信息的主要是图画而非文字,再加上早期画报配文仍然是拗口的文言,其正俗效果可想而知。例如,上海政府曾多次出手整治台基,但画报之类媒体的"宣传"却使台基屡禁不绝。同时,画报树立的贞节典型淹没在洋场的灯红酒绿和大众男女谈笑交游的场景中,贞顺节烈这种传统女德观在画报中变成了防堵社会风气败坏的手段,失去了被奉为普遍的社会性别规范的权威性,守贞反而成了少见的风正样板。到了后期,画报上的节妇典型甚至开始脱离教化意义,作为日常生活中的奇闻逸事出现。柯惠铃认为,清末报刊以谋利的方式来推销节烈,也就意味着节烈沦为商品,伦理变为消闲对象,它无法掌握性别塑造及控制社会秩序,至多是规范妇女行为的一个选项①。画报在公共视觉上打破了内与外、男与女的界限,男女之间游离礼法钳制的行为由此开启,并迅速蔓延开来。

不同于卫道士们鼓吹妇女禁入,在茶馆、酒肆等商家看来,妇女在事实上已然成为非常重要的消费者,"一刀切"地鼓吹妇女禁入会让商家们收入削减。而且,当时也有人从消费的角度提出,租界娱乐生活的消费对象"不宜复分男女,复论良贱"②。少数头脑灵活的商家便设女客专座,用制造距离的方式作为回应舆论的权宜之计。《图画日报》在《妇女听书之自由》中就特别突出男女分座的场景,画面左侧栏杆上挂一"女客坐"的牌子,男客、女客分坐书场左右,配文还做了说明:"书场另有女坐,凡小家荡妇、富室娇娃、公馆之宠姬、妓寮之雏婢,莫不靓妆艳服,按时而临。"③《小华园吃茶之写意》(见图3-35)中也强调茶馆另设女客包间的做法:"楼上另设有女客间,桌椅均以竹制成,朴而不野,华而不俗。午后三四钟时,明珰翠羽,粉黛如云,风生七碗之余,令人作飘飘欲仙之想。"④

---

① 柯惠铃.隳礼之教:清末画报的妇女图像——以1900年后出版的画报为主的讨论[J].南开学报(哲学社会科学版),2013(3).
② 与众乐乐老人致本馆书[N].申报,1874-01-13.
③ 环球社编辑部.图画日报:第2册[M].上海:上海古籍出版社,1999:151.
④ 环球社编辑部.图画日报:第1册[M].上海:上海古籍出版社,1999:439.

图 3-35 《小华园吃茶之写意》

从文字说明中可以看出,男女宾客依然鱼龙混杂,各个阶层的人都有,但是画报明显对于男女共处且保持适当距离的做法表现出欣赏和赞许。画报并不赞同妇女禁入的隔离措施,却也对当时男女交际中过于大胆的行为(如上台基轧姘头等)表示反感。在画报看来,保持适当距离的有序交往方式是十分可取的。虽然当时专设女座的公共场所只有少数,但后期出版的画报(如《图画日报》)已经开始有意识地表现男女分座,而不像早期画报中着力描绘男女混杂的情形。例如《书场年节会书之诙谐》(见图 3-36)[1],图中

---

[1] 环球社编辑部.图画日报:第 4 册[M].上海:上海古籍出版社,1999:223.

的书场并未见妇女专座的指示,但画师还是将男女听众做了明显的区隔。在《演说家》(见图 3-37)一图中①,女听众与男听众也是分列左右,井然有序。

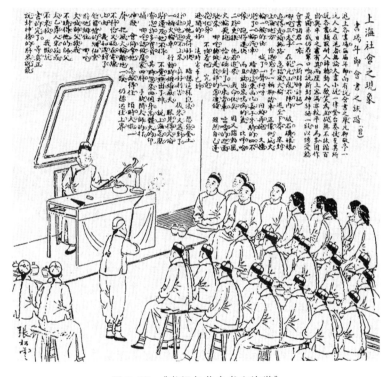

图 3-36 《书场年节会书之诙谐》

在女性进入公共领域已是大势所趋的情况下,保持适当距离的男女交际是晚清社会舆论可以通融的底线。与民国后期男女交往和婚恋的自由化相比,这依然不够开化。但晚清以前,正

---

① 环球社编辑部.图画日报:第 1 册[M].上海:上海古籍出版社,1999:211.

图 3-37 《演说家》

如金天翮在《女界钟》里所描述的,传统女性"见人则惊而走,如婴儿然"[①],可见在传统社会,男女之间的日常交往十分匮乏,只要女性在公共场合现身,似乎就有引发两性非正常接触的危险,从而造成社会秩序的混乱。而 19 世纪末 20 世纪初的上海女性已经能够与男性共同出入娱乐场所,悠然行走于马路街道,全然不畏惧来自异性的眼光,甚至借着消费的由头与男性展开公共交往。即使需要保持一定的距离,仍显示出晚清男女交际正向

---

① 金天翮.女界钟[M].上海:上海古籍出版社,2003:21.

着正常化的方向发展。延续千年的"男女大防"出现了明显的松动,尽管不符合画报的本意,但画报对这个过程的推进作用是显而易见的。

画报拓展了女性世界的边界,建构了女性实践的新场景。新场景带来新行为,画报同时为新场景中女性实践的革新提供了示范。

四、骥礼之教:画报的"低调启蒙"

在以维新报刊为代表的"正统"报刊中,传统女性在国族建构的脉络中,在政治层面和经济层面获得了重塑的必要性。为了使女性摆脱"嗷然待哺于人"的"分利者"身份,重塑女性身体的社会运动随之而起,放足、鼓励女性出走谋生,皆是出于这样的政治考量。于是,责任先于权利降临到传统女性的身上。

然而,对于女性自身而言,身体从来不是政治的。内闱中"静态的身体"凝结了延续千年的审美取向和道德规范。换言之,在女性看来,身体的改造更多涉及生活方式的改变和社会伦理的变迁。如前所述,维新报刊等政论报刊的言说对象主要是当政者,因此,其基本视野决定了生活方式和社会风俗等"无关宏旨"的内容不太可能在政论报刊中出现,于是,女性多样性的生存状况被单一化为政治问题。虽然维新报刊对女性的政治化讨论确实在晚清中国产生了深远的影响,甚至确立了晚清妇女解放的主要脉络,但这类言说与普通女性的日常实践之间存在不小的鸿沟。鲁道夫·G. 瓦格纳(Rudolf G. Wagner)指出,这类"正统"的报刊,

"定位于处于决策位置的读者,对他们来说国际上、政治上、商业上及社会事务上迅速而可靠的信息是首要的"①。如果从主流的思想启蒙路径来考察,这类报刊的启蒙不太可能直接抵达女性群体,或者说这类报刊本身所设想的启蒙路径就是自上而下的,精英知识分子试图影响国家决策者,通过发布行政律令,甚至改变社会制度的方式来影响女性的生存状态。事实上,在社会风俗领域,行政律令的效果并不理想。就缠足来说,清廷对此始终抱以否定的态度。清朝的缠足禁令始见于清太宗崇德元年(1636),规定"若裹足,则砍足杀之",其后的当政者持续发布相关禁令。1902年新政时期的戒缠足谕令实质是延续了清朝官方对缠足的一贯态度,只不过此次颁布谕令是以强国保种为目的,结果依旧收效甚微。更关键的是晚清传统女性在文化阶位上处于底层的事实。早期政论报刊的言说方式实际上造成了识字阶层在信息获取上的特权,以及对公共事务的话语权和解释权的垄断。这一点更加剧了精英知识分子的理想与女性日常实践之间的脱节。

笔者赞同陈平原对政论报刊和画报的分类,画报的低调启蒙迥异于政论报刊指点江山的高调启蒙。过去,学界对于晚清以降的思想学术,比较关注高调启蒙,如国家、整体、精神、哲学,从康有为、梁启超到陈独秀、胡适等人,对近代知识分子的研究是一门显学,而社会底层群众的文化素养和知识变更过程较少被关注到②。

---

① 鲁道夫·G.瓦格纳.进入全球想象图景:上海的《点石斋画报》[J].中国学术,2001(4).
② 陈平原.左图右史与西学东渐——晚清画报研究[M].北京:生活·读书·新知三联书店,2018:47-57.

第三章 出走的前奏：女性世界的拓展与传统礼教的松动

画报的开创性最先表现为"在文化等级中给予图像与文字平等的地位"①,更准确地说,画报颠覆了过去绝大多数出版物中"图像补充文字"的关系,很多新闻画干脆放弃了图文并茂的形式,只用图像。图像的地位在画报的实践中一度超越了文字。"画"与"报"的结盟,又使得画报与传统的仕女画或小说插图有了根本区别。画报的表征十分明确地指向当下的现实世界,或者至少宣称图画对现实世界的忠实。实际上,画报中常有与现实不符合的图画,但是因"报"的基本性质,画报标榜以报道事实为己任,读者往往默认报中内容的真实性。不可否认的是,画报所表征的现实比严肃报刊更加生动和丰满,图画作为一种冷媒介,按照麦克卢汉的说法,它所具有的低清晰度更容易带来高参与感,在改变观者的感知比率的同时,使得观者更加贴近现实。后来的《女学报》对晚清新闻画的仿用,无疑是意识到这种表达形式能够更好地进行女性知识的普及和身体的规训。

这一变革带来的结果是,识字阶层对现实世界的垄断性解释权被打破,画报的形态显示了出版商们想要迎合一个新的公众阅读群(尤其是女性)的努力。女性不再需要经由另一性别的启蒙,而对闺阁之外、直接经验之外的世界有了主动感知和理解的机会。对于女性而言,这本身就是一种权力的获得。同时,画报敏锐地捕捉到女性群体对于画报经营的商业意义。于是,女性生活实践和趣味偏好首次在报刊所表征的晚清帝国图景中占据一席之地,甚至变得日益重要。

---

① 鲁道夫·G.瓦格纳.进入全球想象图景:上海的《点石斋画报》[J].中国学术,2001(4).

另外，画报这种媒介形式在很大程度上决定了画报的内容选择和组织方式。如尼尔·波兹曼所言，是媒介形式决定媒介内容，而不是相反。画报常被人诟病的"庸俗琐碎"，很大程度上是其"图说现实"的方式，决定了画报无法承担也无意承担深刻的思辨和反省。"画报为读者提供的是用于在艰苦的工作日和工作周之中嵌入新形式的休闲时光的阅读材料"，因而更倾向于呈现都市风情、市民趣味和日常时光，画报是一种"印刷娱乐的新媒介"①。画报并不在意女性的社会身份和女性进入公共场所的深刻意义，却十分注意女性服饰妆容、体态身姿和男女交际的花边新闻。这些图像所示范的，恰恰是日常生活——生活方式和社会伦理的变迁。如果说政论报刊意图建构的是话语的公共领域，那么晚清画报则更接近桑内特所说的身体和审美的公共领域。

作为低调启蒙的画报，也不尽然是一些无关宏旨的闾里琐屑。将画报置于晚清的报刊网络中考察会发现，晚清画报或背靠大报，如《点石斋画报》之于《申报》，或本身作为随严肃报刊附赠的画刊，如《民呼日报画报》。画报中常有转载自大报的重要新闻，或者是对大报新闻的图解和说明，只不过画报通常会转换视角，突出家国大事之于日常生活的意义。画报与严肃报刊的这种联系非常重要。鲁道夫·瓦格纳指出，画报的实践培养了女性群体一般的读报习惯，晚清画报在女性群体中流通程度的相关研究可以佐证这一点，其结果是女性对"正统"报纸也产

---

① 鲁道夫·G.瓦格纳.进入全球想象图景：上海的《点石斋画报》[J].中国学术，2001(4).

第三章 出走的前奏:女性世界的拓展与传统礼教的松动

生了兴趣①。从这一点来看,画报不仅是对"正统"报刊的补充,还是女性进入现代信息网络并由此卷入一个媒介化现实的重要节点。这也正是本章将画报作为一种重要的女性读物来考察的原因。女性读物对于女性认知发展的重要性不言而喻,涉及晚清女性读物的研究大多选择文字出版物来考察,如女学堂教材、女报等②。这类研究实际上预设了女性的近代化启蒙是以识字为前提的,而上述关于画报的讨论足以对这种预设提出挑战。

《正俗画报》曾论述画报的意义:"夫画报于风俗人心有密切之关系","欲知妇孺之开通与否,社会之改良与否,均视画报之优劣之涨缩为定衡"③。李长莉认为,社会中的一切政治的、经济的、文化的变动,往往只有落实到人们的生活实践中才会发挥实际的社会效能,而且也只有沉淀到伦理观念之中,才能发挥普遍的、持久的社会影响④。比起严肃政论报刊,画报作为一种更广泛的、更为日常化的启蒙,使得女性作为日常生活的行动主体,而非仅仅作为士大夫们政治理想的注脚,与晚清上海的都市化和近代化进程建立联系,甚至卷入其中。这个过程催促越来越多的女性走出闺阁、踏入社会。当然,这并不意味着这个过程是由画报一力促成的。考虑到此前已有研究从近代城市化进程、家庭组织变革、商业发展、文化碰撞等角度对这个问题做出了阐释,本章着重阐释的是画报这一媒介在该过程中所扮演的角色。

---

① 鲁道夫·G.瓦格纳.进入全球想象图景:上海的《点石斋画报》[J].中国学术,2001(4).
② 夏晓虹.晚清女子国民常识的建构[M].北京:北京大学出版社,2016.
③ 蛰鸿.祝正俗报出版词[J].正俗画报,1909(7).
④ 李长莉.晚清上海社会的变迁——生活与伦理的近代化[M].天津:天津人民出版社,2002:8.

第四章
何以立身:女性的社会角色与权利

一、晚清女性社会角色的多元化

从19世纪五六十年代开始,工商业繁荣的上海持续吸引周边乡村与城镇的人口。加上频繁的战乱和灾荒,以及乡村经济结构的变化,大量失去生活保障的农村人口进入上海,特别是租界谋求生计。据统计,在1853年前的上海租界里,中国人口有500人,常住的外国人口约有300人①。到1900年,中国人口达345 267人,而外国人口只有6 774人②。

商业勃兴、文化碰撞,加上报刊的建构和渲染,使得19世纪末的上海风气大开,传统礼教对女性日常生活的约束日渐式微。相比同时期的其他城市,上海对于女性进入公共空间表现出较大的宽容度,并提供了较多的就业机会。于是,越来越多的女性

---

① 蒯世勋.上海公共租界史稿[M].上海:上海人民出版社,1980:347.
② 罗志如.统计表中之上海[M].南京:国立中央研究院社会科学研究所专刊,1932:25.

加入了以上海为目的地的迁移大潮。1870年的上海租界,男子人口为46 447人,约占租界人口的74.38%,而女性人口为15 999人,约占租界人口的25.62%。但是到了1905年,男性人口占64.21%,女性人口则增至35.79%[①]。女性人口增加的趋势非常明显。在19世纪末20世纪初的上海,传统女性从内闱到社会的跨越已经成为不可逆转的趋势。

在来沪的女性中,除一部分是跟随自己的丈夫或父亲,更多的是单身女性。不论这些女性原先在家庭中的角色是什么,进入都市谋生,最先面临的都是社会角色的转换。传统女性的活动范围限制在家庭内部,在这个空间中,传统女性为人女、为人妻、为人母,除此之外,女性不需要也没有可能承担其他社会角色。即便是原本就生活在城市的女性,婚后也只能扮演主妇的角色。就此而言,城乡之间无本质区别[②]。而女性空间的拓展,带来了女性角色的革命性变化。对于女性而言,除了娱乐和消费,晚清上海还是培养和习得全新社会角色的空间。伴随租界娱乐业和工业的发展,晚清上海诞生了最初的女性职业角色,而女学的兴起也让女学生群体进入公众视野。

角色理论认为,角色是在个人与社会的互动中被建构的,是处于一定的社会关系中的个体的特定地位、社会对个体的期待,以及个体所扮演的行为模式的综合表现[③]。从角色含义及其构

---

① 朱瑞月.《申报》反映下的上海社会变迁(1895—1927)[D].台北:台湾师范大学,1990:155.

② 罗苏文.女性与近代中国社会[M].上海:上海人民出版社,1996:252.

③ 奚从清.角色论——个人与社会的互动[M].杭州:浙江大学出版社,2010:6.

成来看,角色包含六个要素:角色扮演者、社会关系、社会地位、权利义务、社会期待、行为模式。社会角色是由一定的社会地位决定的、符合一定的社会期望的行为模式,是人的多重社会属性或社会关系的反映,是构成社会群体或社会组织的社会细胞①。在社会学意义上,角色不仅是一个名称,还是个人与社会的连接点,是社会结构对其结构网络中的每个具体纽结的功能要求,是社会对处于特定位置的个人的权利义务和行为模式的规定,体现一定时期社会对个体或群体在社会网络中所发挥功能的期待。个体扮演角色的过程,在一定程度上就是通过学习并遵循角色的行为规范来迎合这种社会期待的过程,并由此获得相应的地位及权利。

在传统社会对于女性"宜室宜家"的普遍期待下,女性在家庭关系网络中扮演贤妻良母的角色,女性所熟悉的行为规范和生命价值也与这类角色密切相关。但女性并不是只能扮演妻子、母亲或女儿的角色,"家庭"这个单一场景和关系网络限制了女性可能承担的社会角色。女工、女艺人、女佣、女堂倌这些近代最初的女性生产者,以及伴随女学发展而被期望承担起民族复兴希望的女学生,这些新的社会角色及其背后的行为规范,对于谙熟传统礼教的女性是陌生而未知的。甚至对于整个前现代社会,女性出现在公共空间中,以妻子、母亲之外的社会角色生活和行动,都是不可想象的,也是不被允许的。女性以她们的行动和社会实践建构新的女性社会角色,同时,社会中各种反对声音和抵制行为汹涌而来,关于女性社会角色的合法性及其权

---

① 王宇.女性新概念[M].北京:北京大学出版社,2007:104-105.

利边界的争论和拉锯便在晚清上海拉开帷幕。

二、新场景、新角色：女性角色的报刊建构

晚清关于女性角色合法性的争论及由此而来的社会冲突，实际上就是社会对于一般女性角色期待的一次重要调整，是在清末民初"三千年未有之变局"下对女性社会角色进行重新定位的过程。这个过程不仅让社会大众重新认识和评价女性在社会关系网中的位置和社会价值，也让女性在这种互动中接受并适应社会对女性角色的期待和角色背后的行为规范。而展开这场持久且深刻的社会争论的主要场域就是报刊。梳理史料会发现，不同类型的报刊对于女性角色及其社会实践的呈现都有所差别，这种差别本身代表了报刊对于女性社会角色的认知，以及报刊自身的视野和立场。报刊对于女性角色形象的呈现和建构对上述过程的影响是不可忽视的。笔者认为，媒介实践是作为与政治、经济、文化同等重要的权力因素参与到女性角色建构过程中的。通过史料梳理，笔者发现，晚清上海报刊中对女性具体的社会角色及其意义关注较多且对都市女性角色建构产生重要影响的主要是两类报刊：大众商业报刊和女报。

本章选择《申报》作为晚清大众商业报刊的典型样本。很多研究讨论过《申报》的大众化，在《申报》自身看来，大众化也是其区别于前现代中国所固有的媒介样式的关键特征：在内容上，邸报记录"朝廷之政事，不录闾里之琐屑"，《申报》则是"上自朝廷下及闾里，备书于纸"；在消息来源上，"邸报之作成于

上",《申报》则"作成于下",来自民间,导致读者构成有了显著变化;阅邸报者"学士大夫居多,而农工商贾不预焉",《申报》之类的新报则"人人喜阅"①。基于大众化的价值取向,《申报》更能反映一般市民阶层对于女性进入社会的看法,也是市民阶层就这个议题进行争论和互动的主要场域,所以《申报》对女性社会角色的呈现和建构在一般市民群体中的影响更大。

除了大众商业报刊,女报也对女性社会角色的媒介建构过程产生了重要影响。本章选择《女学报》和《女子世界》作为考察对象。在晚清社会,女报本身的符号意义远远大于其内容。作为宣称由女性主编并面向女性群体言说的报刊,女报不仅在晚清报刊史上,而且在前现代中国,都是前无古人的创举。因此,女报一经问世,便大为阅者瞩目,实际上的阅读群体远远不止女性。在当时社会看来,女报对女性形象的建构似乎更具权威性。

大众商业报刊和女报对女性社会角色的呈现侧重不同的面向,其建构方式的异同在一定程度上说明基于不同视角和立场的报刊对女性社会角色的理解与期待存在差异,清末新女性形象的社会认知也与此有关。

前文提到的画报中也出现过很多新女性形象,但由于画报着重女性的服饰、妆容、仪态等审美层面的表现,并不在意女性进入公共场域的社会意义,故本章不做讨论。

(一) 谋业自养的女性:娼妓、弹词艺人、女佣与女工

上海的都市化和近代化进程以租界为核心区域。1845 年,

---

① 邸报别于新报论[N].申报,1872-07-13.

根据《上海租地章程》等相关协定,英国人在黄浦江以西、苏州河以南地区划出了一片居留地,作为外侨生活区。1853年9月,小刀会攻陷上海县城,大批华人进入租界避难,"华洋杂处"格局逐渐确立。人口的迅速增长催促英租界当局开始对这片区域进行行政管理,并率先开始建设公共设施,马路、人行道、煤气灯等现代市政设施的引入,营造出一个相对安全便捷的城市区域,很快便成为晚清上海商业发展的风水宝地,店铺、旅馆、俱乐部和跑马场遍地开花。伴随来自江浙和上海华界的难民纷纷涌入租界,资本和人口在这块"飞地"上积聚,晚清上海城市公共娱乐区的雏形在19世纪60年代初期形成。租界的煤气路灯改变了上海人的作息习惯,入夜成为消遣娱乐好时光,晚清上海租界开始有了"不夜城"的美名。到19世纪70年代,茶楼、戏园、书场、妓馆错落遍布,观剧、听书、饮酒、尝烟、品茶成为租界消费的时尚。租界公共娱乐区成为上海乃至整个江南文人仰慕的奇境,时人称之为"十里洋场"。

公共娱乐区也为女性谋职自立打开了门户。进入租界谋业的女性大多从事娱乐服务业。19世纪70年代,租界里弄成为妓院的主要聚集地。各色烟馆为了招揽生意,想出了雇用女堂倌的妙计。随后,茶肆酒楼纷纷效法,女堂倌成为公共娱乐区的常见女性职业。书场启用女唱书弹唱,京剧戏班等出现了知名的女艺人。从19世纪70年代开始,公共娱乐区成为上海及周边女性作为独立经济个体进入社会谋生的首选去处。

创刊于1872年的《申报》,出于经营和躲避政治干预的目的,将报馆设于租界内。租界的生活点滴在《申报》版面上占据绝对重要的地位。黄旦认为,《申报》所经验的上海,是以各国通商以后的上海为基本视角,以租界上海统领所有①。甚至可以说,租界就是《申报》眼中的上海,租界娱乐业中的各色女性从业者又是租界中最引人注目的群体,她们的一举一动都被《申报》当作奇闻逸事记录下来。

1. 娼妓

娼妓是《申报》中常见的女性职业。1872—1911年,《申报》几乎每月都有关于娼妓的新闻,在某些特殊年份,频率甚至提高到每天都有。晚清妓馆最初设于上海县城内。1850年之后,内城居民大量涌入租界,妓馆随之迁移到租界。租界开设妓馆门槛相对较低,只要照章登记纳税,便可以合法开设。随着商业的繁荣,作为娱乐业的妓业随之发展起来,1869年,《上海新报》报道称洋泾浜的正式妓馆多达数千,娼妓更是不下万余人②。《申报》对娼妓的关注,一方面,因为租界妓馆遍地,大量关于娼妓的新闻涌现;另一方面,处于道德与法律灰色地带的妓院往往会横生事端,打架、命案、经济纠纷常常发生,是社会新闻的多发区。

以往从事妓业是女性难以启齿的社会活动,等于入了"贱籍",乃至成为一种跟随一生的道德烙印,妓业处于社会道德准则的灰色地带。古时男性文人在文学作品中喜好将娼妓和客人的关系描述为爱情,将自身出入青楼的行为美化,因此,在"客妓"关系中承担更多道德指责的往往是娼妓。而到了娼妓业发

---

① 黄旦."奇闻异事,罔不毕录":上海"城"的移动——初期《申报》研究之二[J].学术月刊,2017(10).

② 李长莉.十九世纪中叶上海租界社会风尚与民间生活伦理[J].学术月刊,1995(3).

达的近代上海租界,文人墨客已不是主要顾客,在上海经商、务工的中下层男性成为娼妓业的主要服务对象。由于战乱而离开土地的单身男性纷纷涌入上海,使得当时上海的女性人数只有男性的三分之一①,因而形成了巨大的市场。

在上海,一个世纪以来,人们对娼妓业有着不同的理解,有的认为它提供了城市特有的愉悦,有的将它看成道德败坏的场所。讨论中有人认为,这是妇女及其家人做出的痛苦的经济选择,因为娼妓业在当时是那些在上海寻找就业机会的妇女所能得到的最好的或唯一能带来收益的活动②。《申报》对娼妓这个社会角色的描述,总体上更接近最后一种理解,体现为一种去道德化的职业化呈现,主要包括以下四个方面。

第一,对妓业的职业化塑造。

《申报》中关于租界娼妓生活的报道淡化了以往的道德评价,突出娼妓业的经营活动,以及娼妓们的可观收入和浮华的生活做派,主要表现娼妓们的谋业和谋生。例如,《申报》的一则诉讼新闻报道某娼妓状告其姘夫将其子转卖他人,只因娼妓没有按照约定给无业在家的姘夫生活费。可见妓业在事实上成为一些贫苦之家的养家之业。再如,在对娼妓职业化的建构方面,《申报》曾详细介绍了上海妓女的等级,按照行业档次分为长三、幺二和花烟,不同档次对应不同的服务项目与价格③,每个档次对应相应的需求市场④,俨然成为一个具有规范标准的行

---

① 吴圳义.清末上海租界社会[M].台北:文史哲出版社,1978:9.
② 贺萧.危险的愉悦:20世纪上海的娼妓问题与现代性[M].韩敏中,盛宁,译.南京:江苏人民出版社,2003:4.
③ 江苏华亭县人持平叟.禁娼辩[N].申报,1872-06-10.
④ 恶俗宜亟禁说[N].申报,1885-12-04.

业,而娼妓也自然成为一种执行相应服务标准、服务对口市场的职业。在这类报道中,租界娼妓已经从良贱之别道德标准下的贱籍身份逐渐演化为一种赖以谋生的社会职业。

当然,《申报》也在不少报道中描述过妓女们的悲惨境遇,但正如贺萧在《危险的愉悦:20世纪上海的娼妓问题与现代性》中曾谈到的:"妓女的苦难都被归咎于一个恶老鸨的虐待,而不是娼妓业本身所具有的危险与耻辱。"①

这种去道德化不仅表现在对娼妓个体境遇的报道中,也表现在对整个妓业的评价中。在《申报》看来,妓业的兴盛是上海商业生活和市面繁荣的一个重要组成部分。《申报》曾登载《冶游当知择地说》一文,记载那些从未到过上海却久闻此地烟花之盛、慕名而来、挥金买笑的游客:"况乎未出里门,闻风艳慕,一旦苟止,早拼此腰缠十万者哉。"②在《申报》对于妓业的呈现中,商业化和职业化的中性价值评价开始取代以往道德层面自上而下的贬斥。

虽然不再一味贬斥,《申报》也并非鼓励妇女选择妓业。《申报》发表过劝妓从良的文章,揣测妓女不愿从良是由于人们歧视妓女的传统观念仍在。《申报》认为,良贱之别不在于妓女身份,而在于人的品行,并举了梁红玉和柳如是的例子③,立论依然是将娼妓看作一份职业,而非一种道德烙印。

第二,《申报》上的娼妓形象逐渐有了独立经济个体的属性。

---

① 贺萧.危险的愉悦:20世纪上海的娼妓问题与现代性[M].韩敏中,盛宁,译.南京:江苏人民出版社,2003:233.
② 冶游当知择地说[N].申报,1879-03-21.
③ 劝妓女从良说[N].申报,1887-05-16.

与以往在"客妓"关系中处于完全弱势地位的娼妓形象不同,近代上海租界的娼妓敢于为争取个体经济利益与客人发生纠纷和诉讼,甚至成为一种被称为"妓欺客"的争议性社会现象。这些纠纷和诉讼引起舆论的广泛关注。《申报》常常成为各方人士关于娼妓行为的辩论场,不论是贬是褒,《申报》都予以登载。由于传播范围较大,报刊所引发的社会争论可能比司法判决本身更能左右时人对娼妓群体的看法。例如1877年《申报》刊载的"周桂林案",娼妓周桂林因嫖客在更换娼妓时未按妓院的规则行事而与之扭打起来,"掀台拍桌,大肆咆哮……"①《申报》随后也收到了一些来稿反映"妓女殴客"的现象,其中有一则陈述了娼妓因旧客"负花债而不还"②而对其进行殴打的事例。这两个"妓欺客"的案子表现出娼妓与以往不同的强势地位,而这种强势的信心来源是在诉讼层面嫖客的理亏——"不守商业规则",因此,在公堂上审官"令妓女则立陈案下,客人则泥首堂前"③,与以往处于绝对弱势的娼妓形象形成了鲜明对比,这一反差自然引起了当时男性文人的口诛笔伐。但这些娼妓的不卑姿态能够在报中展现,在无意中呈现了娼妓作为独立经济个体的形象。

值得一提的是,纵然《申报》刊登了不少控诉"妓欺客"的来稿,言语也十分激烈,但难能可贵的是《申报》在"周桂林案"中给予了一个社会底层的娼妓与知名文人平等对话的机会。因不满一些文人对她的误解和抨击,娼妓周桂林请人代笔作自述投

---

① 曲中败类[N].申报,1877-07-11.
② 唤醒痴梦人.妓女无赖续闻[N].申报,1877-07-31.
③ 曲中败类[N].申报,1877-07-11.

书《申报》,澄清了事情由来,强调了"本堂之规矩"①的商业规则。《申报》如实刊登来稿。娼妓利用报刊与文人打笔墨官司,抛开内容不谈,这种行为本身就是娼妓的一种令人惊讶的"自我表演"。娼妓直接言说或者再现自身的事例极为罕见。在多数情况下,只是在有人想对她们进行赞誉、谴责、统计其人数、进行监管、对世人发出警示、拯救她们的情形下,娼妓才进入历史记载。不过,有关娼妓的史料大多并不是发自她们内心的声音②。因此,《申报》登载的这篇娼妓本人的陈述,仅从形式上就已十分难得。《申报》看似中立,但刊登周桂林自述书,在向来由男性把持的言论场域,为底层女性留出一席之地,已经表明了《申报》一定的倾向:肯定娼妓的职业权益,并且将妓客关系视为平等的商业关系。

第三,《申报》从破财出发的"禁妓"言论,实现了对娼妓行业危害的去道德化。

中国传统社会对娼妓业的贬损,多出于封建礼法,认为其有伤风化,蛊乱人心,同时也从社会秩序、身体健康的角度指责嫖娼毁坏家庭、导致身染花柳。而在这一时期,《申报》所呈现的"禁妓"言论已经较少从道德层面进行务虚式的老生常谈,而更多地集中于嫖娼对消费者(嫖客)的财产损害,"要之数当破财而已"③,"以妓而亏空潜逃、败家丧身者,不可以数计,尚可以不禁乎?"④

---

① 李长莉.晚清上海社会的变迁——生活与伦理的近代化[M].天津:天津人民出版社,2002:341.
② 贺萧.危险的愉悦:20世纪上海的娼妓问题与现代性[M].韩敏中,盛宁,译.南京:江苏人民出版社,2003:3-4.
③ 冶游当知择地说[N].申报,1879-03-21.
④ 江苏华亭县人持平叟.禁娼辩[N].申报,1872-06-10.

呈现出这样的变化,与妓业的职业化、市场化紧密相关。彼时十里洋场娼馆林立,花烟兴盛,妓业早已不是以往精英文人才能消费的具有文艺和社交属性的高端市场,而是以贩夫走卒为主要消费群体的大众娱乐行业。市井阶层大多财力有限,一旦嫖妓成瘾,很容易深陷其中而耗尽家财。正如1877年《申报》的《劝经纪人勿嫖说》所云:"店家之伙友……一岁所入,辛工不过数十金、百金耳,一酒之摆,则去十余元,一局之招,又去二三元。试思终岁勤劳,能得几番挥霍?"①从经济角度来论述行业的危害,是一种对妓业去道德化的尝试。

第四,《申报》从谋生就业出发的同情言论,为娼妓行业的存在和经营留出余地。

除了围绕破财的"禁妓"言论,《申报》也有不少从谋生就业的经济角度对娼妓们表达同情的言论。例如,《论禁娼妓》指出因井田制的废除而形成了流民,"女流为娼"②。近代中国的战乱和饥荒导致大量流民涌入城市,一些失去经济来源、走投无路的女性便只能从事娼妓这一门槛较低的行业。妓业作为贫穷女子在社会上有限的可以容身谋食之处,若一概禁止,这些女子将无以为生。一些文章指出妓业在上海兴盛的历史必然性,认为不能简单粗暴地"一禁了之",可见对妓业的评判脱离了非黑即白的道德论断,将其置于社会行业的角度分析其合理性和存在的意义。正如《论禁娼妓》所言:"欲禁一业,必须筹及安置此业诸人之处,令其有业可改,而后方能望此业之不复兴……娼妓一

---

① 古梅庵主.劝经纪人勿嫖说[N].申报,1877-03-30.
② 论禁娼妓[N].申报,1876-06-27.

业,令其改业,何业可改?"①评论中言必称"业",正是承认了娼妓业的行业属性,妓女成为三百六十行中的普通一行,从妇女就业的维度与"禁妓"言论相商榷,无疑是十分务实的经济态度,相较于简单的道德说教具有更强的说服力。即便是《申报》中"劝妓从良"的评论,也有很多是从生活所致迫于生计的角度来阐释从事妓业之因,还表示出对其年老色衰之后无法继续从事该行业而无"生计"的担忧,"无何而莺老花残,韶容渐改,衣食全无,婢仆散尽……"②,已然具备现代社会的人文关怀。

另外,与基于破财出发的"禁妓论"相对,也有评论认为妓业可以起到拉动经济、带动周边产业的作用,因此,利益相关方并不愿意实质性地"禁妓","西官或恐此等事悉予禁绝,则商贾将以地方冷落而不来……捕房虑若辈迁去,房屋必多空闲,租金必将欠收……"③在两害相权之下,妓业的合理性也就有了一定的立论基础。

当然,从经济和商业的角度强调妓业的可观收入及其与城市繁荣的密切关系,不可避免地会在一定程度上掩盖妓业从业者们在职业选择时的无奈与痛苦,但相较于传统社会的娼妓们还需额外承担的道德重压,《申报》的这种去道德化的职业建构,对于从业者们而言已属难得。

2. 女弹词

道光初年,就有女性在苏州一带从事弹词演出,被称为女弹

---

① 论禁娼妓[N].申报,1876-06-27.
② 劝妓女从良说[N].申报,1887-05-16.
③ 弊俗宜防其渐论[N].申报,1885-07-19.

词。1868年,江苏巡抚丁日昌整顿风化,加上战乱频仍,女弹词逐渐向上海,特别是租界转移。基于租界新兴的消费文化环境和市民的消闲方式,女弹词在租界颇受欢迎,学习弹词的女性日渐增多,因居所名曰"书寓",故而又称书寓女弹词。"上海书寓创自朱素兰","以常熟人为最","卖嘴不卖身"①。

时人对女弹词艺人的身份定位颇有争议。在1872年《申报》的来稿中,有人认为她们"名非妓而实即妓者"②。这类将女艺人和娼妓混同的看法,与中国历来有关娼妓的观念有一定关系。"妓"的古义与"伎"混同,指代以歌舞才艺娱人的女子,但古时除妓家之外,几乎别无专门以艺娱人的女子。到了晚清,高等娼妓多少掌握一两门技艺。在一些人看来,女弹词等女艺人与娼妓并无区别。实际上,晚清上海只以艺娱人的女艺人,是一种明确将卖艺和卖身区分开来的新行业③。19世纪末,女艺人这种新的职业身份逐渐被社会接受。从《申报》对女艺人身份的建构方式中,也可以看出对女性技艺及其职业价值的肯定。

女弹词大多以书场或自身居所为固定演出场所。据不完全统计,1860—1911年的上海书场基本都是"专业书场",约74家④。民国以后,书场才开始兼具茶馆、饭馆、舞厅等功能。这意味着,具有营业性质的书场主要靠弹词表演来吸引顾客。因

---

① 徐珂.清稗类钞:第10册[M].北京:中华书局,1986:4948-4949.
② 江苏华亭县人持平叟.禁娼辩[N].申报,1872-06-10.
③ 李长莉.晚清上海社会的变迁——生活与伦理的近代化[M].天津:天津人民出版社,2002:360-366.
④ 秦燕春."十里洋场"的"民间娱乐"——近世上海的评弹演出及其后续发展[J].民族艺术研究,2006(6).

此,女弹词一般需要较高的演唱才艺,大多拜师学艺,经过专门训练,被行业认可之后才能跻身此业,号为"女先生"。《申报》对女弹词的关注也偏重她们的才艺和专业性。1872年,《申报》就有报道称:"近日傥居上海者为最多,名曰女先生。所说之书,无外乎《白蛇传》《倭袍传》《玉蜻蜓》《双珠凤》《落金扇》《三笑缘》诸部。登场炫技曰场唱,任人环听,青蚨半百焉。"①

为规范书寓的品类,女弹词行业"定每岁会书一次,须各说传奇一段,不能与不往者皆不得称'先生'"②。女弹词通过参加会书竞赛得到专业身份并建立个人声誉。这类竞赛不仅在行业内是大事件,对于听众来说也是难得的盛会,可借此一饱耳福。《申报》中记载了很多关于弹词会书的竹枝词,如"敬亭余绪足轩渠,难得明朝说会书。袁调自高严调稳,若论风貌让三朱"③。其注解是:说书女先生首推袁云仙、严丽贞。三朱者,素兰、素卿、幼香也④。初涉行业的新人往往也会参加会书,以期取得同行认可,博得名声:"一自场东请会书,各人早起把头梳。朱唇轻启红生颊,初次登场莫笑予。"⑤从这些报道和竹枝词中,可以看出女弹词行业门槛较高,并且从业者大多专精于技艺,并非仅以容色取悦他人。

《申报》大多通过与诉讼案件、经济纠纷、桃色新闻相关的社会新闻来呈现娼妓的职业形象。女弹词的待遇则与之不同。基于对她们技艺的肯定,《申报》乐于为女弹词树立个人品牌。

---

① 说书女先生合传[N].申报,1872-06-22.
② 顾炳权.上海洋场竹枝词[M].上海:上海书店出版社,1996:494.
③ 续沪北竹枝词[N].申报,1872-05-18.
④ 上海掌故谭.女弹词(五)[N].申报,1939-01-03.
⑤ 洋泾竹枝词[N].申报,1872-07-12.

对于技艺精湛的女弹词,《申报》会留出版面刊登其个人小传,从生平到表演风格,一一详呈。《女弹词小志》《接女弹词小志》《咏弹词女诗》《女弹词新咏》《女说书续传》《寿香小传》等,多不胜数。其中,《女弹词新咏》中历数数十位女弹词,如王丽娟、袁云仙、朱幼香、王幼娟、严丽贞、陈月娥、朱素兰、徐雅云、钱稚卿等。除上述人物外,《咏弹词女诗》还提到吴素卿、朱静香、朱品兰、朱素卿、汪月娥、胡兰芳、胡桂芳、姜月娟、张秀娟、王月琴、胡丽琴等。这些人物小传还一一评述女弹词们的表演风格和各自所长:有的"宛转歌喉一曲新",有的"呖呖莺声绕画梁"①,有的"神清而意远",有的"态丰而音腴",总之"各得其妙,无美不臻"②。通过一页《申报》,便可窥同治初年上海女弹词人才济济,《申报》成为这些女弹词暴得大名的重要途径。女弹词的声名还随着《申报》的发行网络流传至上海周边城镇,文人雅士慕名而来,"层楼听书"成了人们来上海游玩的必观节目。

女弹词十分看中自身与娼妓的区别,并通过职业活动中的自我表演来显示这种区别。有记云:"书寓之初,禁例綦严,但能侑酒主场政,为都知录事,从不肯示以色身。""凡酒座有校书(娼妓),则先生离席远坐,所以示别也。"③《申报》也深谙此种行业规矩,在不少文章中将女弹词举止与娼妓进行对比:"妓敬洋烟,女先生则否,命女奴代歌。惟宴于其家,席中无妓始陪坐焉,独与客对亦敬烟焉。凡此斤斤,盖其自处。谓谚云:'卖口

---

① 女弹词新咏[N].申报,1872-07-05.
② 说书女先生合传[N].申报,1872-06-22.
③ 王韬.淞滨琐话:卷十二[M].济南:齐鲁书社,2004:299.

不卖身'耳。"①竹枝词亦有云："一曲琵琶韵更清,女儿也自号先生。鲍瓜虽系终难食,不似杨枝惯送迎。"②女弹词与娼妓的行止之别,经过报刊的再现,逐渐影响社会大众对女弹词职业的印象,而不仅仅是女弹词们的自我要求。以至于有文人投书《申报》,认为评价女弹词,应"首论品,次论才,次论色艺"③。

  时人对女弹词品格的欣赏还有很大一部分来自她们与文人雅士的交往。往来于妓家的上至官商巨贾,下至贩夫走卒,鱼龙混杂。而女弹词的听众主要是社会上流人士,"有名书场,听客多上流,吐属一失检点,便不雅驯"④。略通文墨的女弹词,符合传统文人学士对才女的期待,寻访书寓是当时传统文人学士冶游生活的重要组成部分。女弹词与文人的密切关系在《申报》中亦有迹可循,竹枝词有云："女号先生名最著,爱听弹词,闲步寻书寓。引上高楼多雅趣。"⑤除却具体内容,就算只看《申报》中女弹词小传的作者身份,这些落款本身就足以为女弹词的品格背书,其中不乏报馆主笔。除了男性,上流社会的妇女也是女弹词的重要听众,她们对女弹词的喜欢不亚于男性,后来甚至出现了女清书场。据统计,四马路上较为著名的女书场就有12家⑥。

  书寓女弹词们职业化的自我表演将自身与传统娼妓区别开来,并通过《申报》在公众头脑中进一步确立女弹词的职业形象

---

① 接女弹词小志[N].申报,1872-07-03.
② 青楼竹枝词[N].申报,1878-02-08.
③ 女弹词小志[N].申报,1872-07-01.
④ 徐珂.清稗类钞:第10册[M].北京:中华书局,1986:4944.
⑤ 蝶恋花·申江感事词[N].申报,1872-06-29.
⑥ 胡远杰.福州路文化街[M].上海:文汇出版社,2001:272.

及其行业规范：她们往往师承名家、自幼学艺，主要凭借演唱技艺而非容色来获得听众肯定，报刊也是她们谋求个人声誉的重要途径；演出场所固定在书场和居所，活动范围有限，略通文墨，多结交文人雅士和上流男女，交往关系相对单纯。相对良好的职业形象不仅使书寓女弹词在租界大受欢迎，从业者也从中感受到职业价值和认同感，声名在外者甚至能获得较高的社会地位。因此，弹词成为女性从业的热门选择。有竹枝词感叹女子争入唱书行业的情形："争抱琵琶到沪城，弹词多少女先生。"①《申报》除了塑造女弹词的职业形象，更重要的是初步确立了女艺人依靠专业技艺谋生的合法性。上海的娱乐业开始与妓业相区别，并拥有独立的行业地位和社会角色。

同光年间，一些娼妓开始学习弹词技艺并试图向书寓女弹词转型。王韬所记《沪上词场竹枝词》中就有娼妓为博得女书寓身份而匆忙习唱，准备赶赴"会书"的情形②。但这些中途转行的娼妓缺乏基本功，大多技艺不精，博取书寓的名声多为了提高身价。这也从侧面说明了书寓女弹词的社会地位和受欢迎程度。当然，在女书寓一行看来，娼妓与女书寓的混同破坏了"卖艺不卖身"的职业形象，这也是时人诟病后者"名非妓而实为妓"的一大原因。而那些有名于时的女书寓仍遵守不卖身的行规，这一职业规范也成为鉴别书寓身份的重要标准③。

---

① 李长莉.晚清上海社会的变迁——生活与伦理的近代化[M].天津：天津人民出版社，2002：362.
② 王韬.淞滨琐话：卷十二[M].济南：齐鲁书社，2004：299-301.
③ 贺萧.上海娼妓(1919—1949)//洪泽.上海研究论丛：第四辑[M].上海：上海社会科学院出版社，1989：180.

3. 女佣和女堂倌

如前所述，受战乱和失地的影响，乡村人口大量涌入上海。其中，有的女性进入门槛较低却回报丰厚的妓业；有的女性凭借多年的辛苦琢磨练就过人才艺，进入门槛较高且具备一定社会地位的演艺行业；而更多的女性进入了另一类体力要求更高的行业——家政服务业，这便是上海的女佣。对于大部分女性而言，女佣是城市中最为普通也最易于从事的行业。

上海女佣按照年龄可分为女婢和娘姨两类。前者类似中国自古以来的丫鬟。贫困之家将女儿卖与他人，女儿则成为住家的丫鬟，听从主人的使唤。由于是"买"来的，女婢的所有权归于买家，因此，主仆关系十分明确。后者多为有一定年纪的已婚妇女，通过商业中介被推荐到客户家中烧饭洗衣，完成一定量的家务劳动。雇主有大家巨贾，有普通的生意人，还有家口较多的普通百姓。女佣收费并不高昂，一般家庭也可以负担，因此，雇用女佣成为上海比较普遍的现象，"合城内外，洋场南北，岁有百金，家三四口者，无不雇用佣妇，大抵皆自乡间来"①。"妇女贪上海租界佣价之昂，趋之若鹜，甚有弃家者……"②与以往困于传统家庭、在家做家务并没有分文回报、家庭地位还低的境况相比，这已是"迥若天渊"。因此，当她们家庭中的男性要求她们回归家庭的时候，女佣们展示出对该职业的热爱和对其所带来的经济回报的渴望，"往往父兄

---

① 书朱陈氏愿归原夫案[N].申报,1883-08-07.
② 黄苇,夏林根.近代上海地区方志经济史料选辑[M].上海：上海人民出版社,1984：336.

欲其回家,而东奔西避者有之,即回至家中,而仍复逃逸上洋者有之"①。

这种女性新职业身份的出现,必然带来与传统思想的碰撞。例如,女婢被雇主当作私人财产,被任意使唤甚至虐待,于是选择逃跑。《申报》对此常有报道和评论。1880年9月《申报》的《论虐待女婢》认真讨论了传统"主人-奴仆"关系和当时的"雇主-女佣"关系,认为奴仆属于"贱民",而女佣则是"由荐保引至人家者,谓之雇工,则虽为奴仆之事,而无主奴之分"②,用平等的雇工关系来破解传统的主奴思维,强化了上海女佣的独立职业形象。

除了服务于家庭的普通女佣,娼馆也会雇用大量女佣来做活,她们被称为"大姐"和"娘姨"。此外,与娼馆同时发展起来的烟馆也是女佣的主要雇主之一,还逐渐演化出女堂倌这样的新型职业。女堂倌在烟馆负责招徕顾客和一些日常服务工作,虽然也与客人暧昧嬉笑、打情骂俏,但与卖身的娼妓不同。这种在道德上并不会受到过分指摘且收入不菲的新职业由此获得了不少女性的青睐。虽然在当时的道德讨论中,还是有男性文人以"男女授受不亲"为由抨击女堂倌伤风败俗、淫风流行,但女性的自主择业趋势一时无法禁绝。《申报》的竹枝词中曾提及女堂倌收入超过一些务工男性的现象。有了可观的职业收入,女性的劳动价值逐渐获得认可,"不重生男重生女,女儿生计胜男儿"③,女性在社会分工中开始被视为重要的劳动力。面对部

---

① 妓馆小大姐论[N].申报,1876-11-13.
② 论虐待女婢[N].申报,1880-09-12.
③ 续沪北竹枝词[N].申报,1872-05-18.

分舆论对女堂倌有伤风化的声讨,《申报》也同情地指出这一行业与民生问题的关系:"千百辈之衣食此若籍,一禁止忍其饥以死乎?"①后来,因烟馆生意火爆而侵犯了其他商家的利益,多个行业联合请愿求禁女堂倌。为了平衡商界利益,外加"周小大案"②的舆论风波,兴极一时的女堂倌被上海道台正式查禁。但由于妇女们乐于从事这个职业,并且确实存在可观的市场需求,日后女堂倌在上海仍然时有现身。

除了呈现女佣的工作状态,《申报》还描述了新的工作方式带来的新的生活方式。这种生活风尚的呈现,使女佣这个社会角色的形象更加丰满。以往妇女在家劳作,身心皆被家庭绑定,所做贡献皆为家庭。进城务工之后,所得收入让女佣和女堂倌拥有了一定的财务支配权,一切衣食住行都不再需要家庭提供,所得收入在贴补家用之余,还可以满足自己的生活采买。同时,新的工作还赋予了她们一定的生活自由度,与之前日常生活被限定在家庭、内闱的传统女性相比,女佣们的活动范围更大,生活节奏更快。在此背景下,新的生活方式开始诞生。《申报》在一些报道中呈现了女佣们对生活方式的探索,这种形象展示也对彼时的其他职业女性形成了示范效应。

---

① 拟请禁女堂倌议[N].申报,1872-05-25.
② 1873 年,上海发生轰动一时的"周小大案"。周小大原为法租界某烟馆女堂倌,因与人打赌,女扮男装在街头游戏,被巡捕拿获。上海道台本就意欲整顿租界大量雇用女堂倌招徕顾客的风气,以平衡商界利益。正在上海绅商讨伐女堂倌而法租界举棋未定的时候,周小大一事为上海道台夺回国人行政司法权力提供了机会。上海道台对周小大"改装易服,化雌为雄,混迹于男子之间"的行为从严惩处,掌责六百,随后使其仍身着男服,游街示众。周小大羞愤难当,欲图自尽。当时舆论虽不认同周小大的行为,但也认为上海道台惩办过重。社会公众对于租界职业女性的"出格"举动已经表现出一定的宽容。

农村女性做了女佣和女堂倌之后,开始有一定的经济能力,还有盈余寄回乡下老家。同时,见惯了洋场风月的她们,也开始在装扮上讲究起来,正如《申报》所言,"妆风雅,爱打扮"①,"犹是赤黑面色、六寸圆肤之体,一经装束,遂有许多妖冶气……"②也开始了社交娱乐消费和自由恋爱,"渐而时出吃茶,因而寻姘头,租房子,上台基……"③这种新女性形象和行为的呈现,是因为作为职业女性之一的女佣有了消费能力,习惯了城市生活,开始以消费者身份参与现代社会的运行。而这种形象的媒体呈现也强化了女佣这个职业对于女性的吸引力。

对于妇女出现在公共场所,尤其是娱乐场所的指责,大多围绕"女主内"的传统观念,认为只要女性出现在家庭之外,就有可能引发事端。但实际情况是,开埠以来,随着各路移民的涌入和女性职业的多样化,茶馆、戏馆、烟馆等场合及外出游园等活动中,女性的身影越来越多。例如《申报》载曰:"乃上海地方妇女之踥蹀街头者不知凡几,途间或遇相识之人,欢然道故,寒暄笑语,视为固然。若行所无事者,甚至茶轩酒肆,杯酒谈心,握手无罚,目眙不禁。"④

在娱乐消闲场所,最先现身的是来招徕生意的娼妓,后来一些女佣和姨娘、女堂倌也开始光顾茶馆,并常结伴出行,聊天消闲,"大脚娘姨寻旧交,手撑洋伞汗珠抛。寻来茶室三繁畅,瓜子花生吃几包",有的还在茶馆约会、恋爱,"寄语阿郎来订约,

---

① 论男女无耻[N].申报,1879-09-21.
② 书朱陈氏愿归原夫案[N].申报,1883-08-07.
③ 论男女无耻[N].申报,1879-09-21.
④ 二人摸乳被枷[N].申报,1872-06-04.

松风阁上一回茶"①。这些职业女性能够摆脱家庭束缚,以自由的时间和人身参加社交娱乐活动,都是由于所谋之业让她们有了固定的收入和固定的休闲时光。这种风气日益扩散,被更多妇女接纳,但也不免引发了报刊上的一些议论。《申报》中就有一些文章,从有助于娱乐业发展,甚至从男女平等的角度支持女性参与娱乐活动。1885年,《申报》曾为女性出入烟馆申辩,认为女性禁入烟馆,税收将会受到影响②。1874年,《申报》围绕妇女外出看戏一事展开辩论,一些文章提出"看戏一举,原属赏心乐事,本当男女同乐,良贱共观",并在休闲娱乐方面为女性鸣不平,"生在深闺,毫无乐趣……难觅排遣之方,闺中良友邀赴戏场以释愤懑,此亦人情之至当,尚非国法所必禁者"③。甚至有文章历数中国妇女遭受的缠足、生育等诸多身体之苦,认为"妇女之苦则固有过于男子者矣。妇女既有此种之苦境,则亦当共享一切乐境"④。这类讨论从更深的层面建构了妇女,尤其是已有人身自由和财富支配自由的女性参与社会公共娱乐的合法性。

4. 女工

在中国传统社会,"男耕女织"是基本的性别分工,男性外出务农,女性守家,除了相夫教子、操持家务,还从事一些足不出户即可完成的手工业活动。在江浙地区,乡村妇女一般会做缫丝、拣茶等比较细致的轻体力活。随着上海轻工业的发展,茶

---

① 顾炳权.上海洋场竹枝词[M].上海:上海书店出版社,1996:55.
② 禁令宜相辅而行说[N].申报,1885-09-23.
③ 与众乐乐老人致本馆书[N].申报,1874-01-13.
④ 论中国妇女之苦[N].申报,1880-02-27.

栈、缫丝厂、火柴厂等企业数量渐增,用工需求增加。熟悉相关业务的妇女也有机会获得新的身份——城市女工。

由于女工做事细致,业务熟练,薪资又低,因此,从外商企业到本土私营企业,都喜欢雇用妇女为工。例如,在19世纪末上海丝厂的近万名工人中,女工就占了九成左右①。企业的这种需求也获得妇女的响应。因为同样是做缫丝等手工业,以往在家中,这类工作是家务形式的"自给自足",并无多少现金收入,而外出务工可以获得人身自由与财务自主,所以贫家女子纷纷涌进工厂,"呼朋引类,无论小家碧玉,半老徐娘,均各有鼓舞踊跃之心,说项钻求,惟恐不能入选"②。

《申报》围绕女工问题有许多记述与评论,主要围绕女工这种工作方式对于传统"男主外、女主内"的二元家庭结构的冲击。古时女性在出嫁前深居闺中,出嫁后则在家相夫教子,在外抛头露面并与其他异性接触是中国传统女性道德大忌,有悖"贞洁"与"妇德"。但女工这个新的身份打破了这种藩篱,女工与男人一样外出工作挣钱,与陌生男人在工厂聚群务工,性别的差异被抹除,女性通过挣现钱的方式获得职业的认同感和生活的掌控权。传统文人对这种变化表达出极大的道德不安,认为女性在公开场合抛头露面、和男人一起工作的方式有伤风化,有悖女训,导致淫邪。在工厂内,"男女相淆,已非风俗之正"③。在工厂外,下班的女工结伴而行,"手提饭榼梳妆俭,七八娇娃

---

① 罗苏文.女性与近代中国社会[M].上海:上海人民出版社,1996:91-92.
② 论妇女作工宜设善章[N].申报,1888-04-01.
③ 论妇女作工宜设善章[N].申报,1888-04-01.

一小车"①。

难能可贵的是,在新的社会景观冲击传统社会道德规训的同时,报刊中的一些评论能理性地指出妇女在淫邪受辱之事中的受害者角色,而非一味地将"女性外出"指为源头。例如,在工厂内,"督工司事俱以男子充之,或以游语相嘲,或以恶声相竟,情形媟嫚,殊不雅观"②,"心计最毒者,在厂男工,半用刁奸、半用强奸",而女工是无辜的受害者,"哀此少女,几能自全耶?"③在工厂外,"更有青年子弟,猎艳寻春,俟妇女出栈之时,任意轻薄……流氓无赖等挨身人丛,混迹其间"④,"顾散工之际,被流氓拦截调戏,以致滋生事端者时见于报"⑤。因此,论者在劝工厂不雇女工的同时会提到,雇用男性无业流氓,让其有事可做,也可以减少其调戏妇女的概率。可见,报刊在处理女工所引起的社会风化问题的时候,并没有过多指摘妇女不守妇德,而是说在女性公开现身之后,部分男性尤其是流氓地痞行为不检。这种理性的归因在以往并不多见,从侧面论证了妇女务工的个人选择本身是没错的,错在骚扰之人。

同时,女工这个职业的合法性也出于经济原因而得以确立,这是妇女自己赚取经济回报以养家糊口的重要途径,"妇女作工,得钱谋食,真贫家之一大养济院,原不必遽行禁止"⑥。务工

---

① 顾炳权.上海洋场竹枝词[M].上海:上海书店出版社,1996:425.
② 论妇女作工宜设善章[N].申报,1888-04-01.
③ 顾炳权.上海历代竹枝词:上[M].上海:上海书店出版社,2018:256.
④ 论妇女作工宜设善章[N].申报,1888-04-01.
⑤ 女工不如男工说[N].申报,1894-06-23.
⑥ 论妇女作工宜设善章[N].申报,1888-04-01.

的潮流从上海向内地扩散,有益于国民经济的发展,"将来内地女工如患无工可做,亦不难群赴上海以谋生计"①。"女工而亦藉通商之故,而得以自求口实,则其利于中国人民者何如?"②《申报》还介绍了外国妇女的就业状况,指出"外国妇女之得用,凡一切工役之事皆以女为之,西洋东洋莫不皆然……"还指出教育在其中的作用:"外国女子无不识字,故一应账目、笔札之件皆能通晓而资其力焉。"③这种对于外国女工的描绘,也是以先进榜样的方式建构妇女务工的职业合法性,并暗示只有通过教育,才能拓宽妇女的就业面,可见女工议题在一定程度上已经成为一种纯经济、纯职业的理性讨论。

辟为通商口岸之后,晚清上海迎来了社会格局大转变的重要契机,最先体现在经济格局上,外资的注入、商业的勃兴、现代工业的起步,使得上海最先突破了中国传统社会以家庭为单位的耕织一体的单一经营方式,开始向多种经营方式转变。新的职业源源不断地被创造出来,女性在此背景下以职业化的社会角色加入社会生产。从不轻易露面的女性一旦大规模进入公共领域,一举一动都是"新闻"。因此,《申报》甫一创刊,女性就在社会新闻和论说版面中占据了重要的位置。

在近代史研究中,"闾里琐屑罔不必录"的《申报》几乎提供了关于晚清女性社会活动的最为全面的描述和记录,而这种表征对于晚清公众关于女性职业角色的认知同样重要。社会公众对于职业女性的印象和评价除了来源于日常实践,很大程度上

---

① 机器缫丝说[N].申报,1882-02-05.
② 中外之交以利合论[N].申报,1883-12-11.
③ 女工不如男工说[N].申报,1894-06-23.

也来自报刊的建构。通过《申报》,娼妓、书寓、女佣、堂倌、女工,大众心目中女性的不同职业形象逐渐清晰和立体。

《申报》中的女性职业形象有三个共同点。

第一,独立谋生。传统女性是作为家庭的附属者而不是独立的个人参与家庭劳动的,在男主女辅的分工格局中,女性独立生存的能力不被承认。而《申报》中的职业女性大多数以个体劳动者的身份在都市中独立谋生,某些职业带来的丰厚回报甚至让女性成为家庭的主要收入来源。《申报》突出职业女性的经济能力和自养能力。独立性除了表现在经济层面,还表现在法律层面。在《申报》报道的多起诉讼案中,职业女性在民事诉讼中具有当事人资格,而不需要再由丈夫或父亲出面,承担职业角色实际上使女性成为社会个体,而不仅是家庭成员。

第二,自主择业。传统女性的劳动内容和方式受大家族劳动分工的制约,上海及周边地区的农业格局基本形成了男耕女织的分工。而租界中女性职业之丰富,远远超出棉纺劳作的范围,一些女性甚至开始和男性从事同样的工作,如女堂倌。女性面临空前多样的职业选择。《申报》强调,女性从事何种职业,很多情况下可以由自己的意愿决定,甚至可以在不同职业之间转换。对于女性来说,工作不再是无法选择的义务。

第三,劳动的社会价值。《申报》的描述中已经明显表现出女性的职业生活相对家庭劳动的独立性,两者不再重合为一,她们的劳动不是尽义务,而是参与商品交换,体现为工作与闲暇的分离和交替,既是生产者也是消费者。属于传统妇德范围的女性劳动,开始和社会商业挂钩且关系密切。作为生产者的女性被视为社会劳动力资源,同时,作为消费者的女性促进城市商业的勃兴,女性以前所未有的方式被整合进社会发展的蓝图,其角色的合法性和劳动方式开始以城市商业的需求为转移。

从女性踏入社会的那一刻起,争议和贬斥就如影随形,而对女性承担社会职业的抨击,大多并不基于其职业特性,而是出于对传统礼教的维护,认为只要女性在公共场所抛头露面,就有妨害风化甚至导致社会失序的风险。而在《申报》中,这类议论通常被从商业角度定义的女性职业价值消解。或者说,《申报》至少从商业的经济的角度,为女性作为独立生产者在城市中谋生提供了可以与传统礼教相抗衡的"理由"。对于初次踏入社会的女性而言,承担社会职业所需要学习的不仅仅是劳动方式和专业技能,更重要的是要对她们在社会关系网络中所处的位置、与之相关的行为规范有基本的认知,并在此基础上建立角色认同。《申报》从特定的面向参与了女性职业角色的自我认同过程。

(二)受教育的女性:才女与女国民

相比女工、女佣、弹词艺人等最初的职业女性角色,"女学生"这个群体并不是"前所未有"。虽然漫长的封建社会从未将女子教育纳入正规的学制体系,但富庶之家或高门贵族的女子仍有机会通过家塾或族塾的形式接受教育。不过,家塾这样的教育形式依然属于私学的范畴:在形式上,女性在家中接受教育,不必抛头露面,严格遵守"男女之大防"的道德规则;在教学内容上,专注家庭伦理的学习,至多是文学启蒙,目的是接受母职、妻职的社会分工规训。

伴随教会学校的兴起,出现在城市空间中的女学生是近代社会化女子教育的结果,其形式和教学内容都与家塾有着本质区别。近代女学的发展引发了一股颇具规模的知识女性跨城市、跨地域的流动。从家乡到异乡,从闺阁到学堂,她们突破了传统性别观念对女性活动空间和社会角色的限定。这种"越界"的力量和散播的自由生发出一种能量,带给女性生活方式的变化和心理空间的调整①。同时,随着社会转型和公众心态的变化,女学生群体开始承载大众救国的想象与期待,甚至成为近代新女性的典范,从传统主流教育领域的边缘位置来到近代新式教育的聚光灯下。因此,在近代社会,女学生是一个非常重要的新女性角色。

实际上,在19世纪六七十年代女学生刚刚进入大众视野时,其形象是颇为模糊的。在保守与趋新相互裹挟的变革张力中,女学生呈现出多重面向——她们既是欲望的对象,又是国族建设的基石;既是朋辈的偶像,又是社会的异类②。直至民国初期,女学生作为"兴国之栋梁",才成为一种社会共识。

笔者认为,对女学生形象的社会认识,从矛盾混乱到形成共识,经过了一场深刻的话语碰撞。梳理史料发现,清末不同类型的报刊对于女性角色及其社会实践的呈现存在明显的差别,其中,商业报刊和女报两种报刊对于女学生角色形象的呈现和建构颇具典型意义。本章选择早期的《申报》(19世纪70年代)和《女学报》作为考察对象。除了本章开篇已经提及的原因,根据前期的史料梳理,这两份报刊分别在晚清女学发展的两个关键

---

① 孙秀玲.前行与复归:晚清女学生的形塑[J].中华女子学院学报,2022(5).
② 孙秀玲.前行与复归:晚清女学生的形塑[J].中华女子学院学报,2022(5).

节点参与了对女学生形象的建构。

当初创的《申报》开始讨论女子教育问题时,恰逢晚清现代女校滥觞。从 19 世纪五六十年代开始,一些由传教士创办的教会女校在上海成立,但这些教会学校的入学对象基本为信教家庭,因而在当时的上海还不具有普遍的影响。但其现代化的教育形式培养出的女学生已经与传统的"私塾闺秀"有明显的区别,第一批真正意义上的现代女学生出现了。因此,这个时期的《申报》关于女学生群体的论说颇具开创意义,也较早地影响了市民社会对于这类女性角色初现时的印象和评价。

伴随第一所国人自办女子学校的创立,关于女子教育、女学生的话题开始成为社会热点。《女学报》的建构赋予了女学生群体前所未有的形象和社会意义,也在一定程度上统一了关于女学生群体的社会争议。此后,现代女子教育开始在上海乃至全国大面积铺开。

这两类报刊对女性社会角色的呈现侧重于不同的面向,其建构方式的差异一定程度上说明了基于不同视角和立场的报刊对女性社会角色在理解和期待方面的差异,从中也可以梳理出女学生社会形象的演变过程。而这,也关涉清末"新女性"典型形象的树立。

1. 才女:《申报》中的女学生形象

在传统社会分工中,女人主要负责家务劳动,日常并不会接触文字书籍,一般的传统家庭没有财力也没有必要支持女孩读书。女性中的识字者往往为大家闺秀或士商家眷,即只有在没有太多劳动负担的情况下才会读书识字,如"沪上大家女子,大半能通文义"。女性的知识范围也仅限于阅读写作诗词歌赋,抒发闲情,打发时间。对于绝大多数传统女性而言,接受教育是一种"没有必要"的奢侈。

在上海,随着城市的发展和报刊的出现,女性的文学作品开始借由报刊获得了公共的展示。例如在《申报》上,1872年署名"吴门倚松女史顾素龄"的《潇湘八咏·兰闺约课》共八首,1873年刊登了"延清女史钱丽侬"的四律诗,还引得一位文人大加赞赏,写诗和之,甚至还索要该女史的住址,但被婉拒①。

虽然李清照式的才女可以获得社会一定程度的认可,但是在"女主内"的大背景下,接受教育和劳动在传统女性身上出现了割裂,"才"仅仅指诗词之技,读书成了"无用"之用。对此,1876年,《申报》刊发了一篇批评"女子无才便是德"观点的文章,认为是古时偏重文学的"才"导致女性的"失德":"天下古今有才之女,无不咏风花雪月之词,习为纤巧淫亵之语,以至丧贞失德者有之……然所谓才者,岂止今之所谓才哉?"②围绕"才"的问题,有论者看到了男女在获取知识方面的不公,认为如果教育机会均等,那么女子的"才"可以和男性一样是有用之才,"假令其所学与男子等,能通义理,广见闻,考古今,识时事,则才岂为累哉!"③

什么是真正的"才"?"才"对于女性意味着什么?有了真正的"才"之后,女性可以做什么?

较早的报刊中也有涉及女性教育的文章。例如,《上海新报》1870年的《教女说》认为上海女性"教化日衰,闺门不肃",提出用《礼记》《女诫》《女训》等女教书籍来重申"妇女之道"。

---

① 延清女史钱丽侬.谨答吴门赴都宦客启[N].申报,1873-08-06.
② 悟痴生.书论女学后[N].申报,1876-04-07.
③ 论潘氏三孝女同志殉母事[N].申报,1878-07-25.

这一倡议并不是让女性获得知识和技能,而是将其拉回"三从四德"的妇道之中,拉回"男尊女卑"的道德秩序之中,并不能称为真正的女性教育。面对强大的传统观念,女性教育得以真正破局还是因为西方教会女塾的出现,从1850年裨治文夫人所设立的裨文女塾开始,各类女塾在国内生根发芽。西人女塾皆为教会性质,教学内容除了传统中国典籍,主要是学习《圣经》,入学对象也多为信教家庭,因而不具有普遍的意义。

至于真正面向本土大众的女学,则随着女性进入各类职场,有了知识和技能的需求之后,在19世纪70年代开始逐渐成为媒体讨论的重要议题。

第一,在理论层面,将女学置于"争取男女平等"的高度。

要在森严的传统道德枷锁中凿开缺口,必须理论先行,尤其是在舆论中建构女学的合法性。1876年,《申报》组织了一番对女学的讨论,兴办女学成为日益显著的公共议题。1878年,《申报》上的《扶阳抑阴辨》一文从传统重男轻女的理论源头"阴阳"入手,认为阴阳是并立的,"两象并著,两德互用",从而推导出"男女亦无所别",提出"男女并重、并用、并生、并育"的男女平等之说[1]。也有论者从天资的角度论证说,男女智力是平等的,"妇女之灵性与男子同,有高明者,有沉潜者,均可随质施教"[2]。

对于自古以来重男轻女思想造成的"溺女贱女"之后果,《申报》评论提到妇女缺乏教育这个重要原因:"溺女之事,世所时有,推原其故,因女子无学,人皆贱之。'为人莫作妇人身',

---

[1] 扶阳抑阴辨[N].申报,1878-07-15.
[2] 棣华书屋.论女学[N].申报,1876-03-30.

良可慨已。"①《申报》提出用兴女学的方式,提升女性的个人价值,将其塑造为有用之人,自然可以改观重男轻女的思想。

这就在理论层面,通过哲学渊源和解决之道两个方面的论述,建构了"女子入学"的正当性和必要性,在舆论上为兴办女学鸣锣开道,扫除观念的壁垒。

第二,在个人层面,女学彰显了女性的个人价值。

对于传统女性而言,个人价值仅在于相夫教子、操持家庭,与男性"修齐治平"的由内而外扩展的价值体系相比,女性的价值尤为单薄和片面。《申报》所载评论认为,"兴女学"的功用之一是拓宽了妇女个人价值的尺度。这是从微观的个人层面对女学的肯定,认为女学是女性的个人权利,可以展现个人价值并提高个人修养。

首先,《申报》评论指出,传统女性紧闭深闺,"西人常曰:中国之待妇女如待狱囚。日禁闭于闺阁之中,亦同犴狴无殊"②。远离诗书文字,导致传统妇女不明义理,不习技艺,没有社交,与男性共同为人,却"毫无生人之趣"③。这种观点是从妇女个人生活的角度出发,认为接受教育是女性的天然权利,而没有教育则会让生活贫乏,终日消耗在家庭琐事之中,无法提升自身、获得全面发展。

其次,女性即便有灵气才智,也在这种拘束之下,"坐使聪明伶俐之才屈于巾栉箕帚间,终其身以死,不可惜哉!"④历来中

---

① 棣华书屋.论女学[N].申报,1876-03-30.
② 再论女学[N].申报,1876-04-11.
③ 再论女学[N].申报,1876-04-11.
④ 扶阳抑阴辨[N].申报,1878-07-15.

国才女稀少,这是对中国这一大国女性才华的极大浪费,"万国人民以中国为最多,妇女中不乏天资敏悟之流,惟无以倡之,终归隐没耳"①。

最后,在倡礼仪的中国,通晓仪礼之节应是所有人的基本素养,"至于礼乐等事,本当男女皆知……"②但在这方面,女性却输男性一筹,甚至由此被男性鄙夷。究其原因,非妇女之过,正如《申报》所问,"父兄之严厉者,并不准其识字读书,及其究也,每至不明义礼,今反归罪于妇女,岂不冤乎?"③以往"无学之女"身上的粗鄙乖戾,实际上均是因为女学之不兴。因此,《申报》指出,"倘使女学大兴,凡有妇女皆令读书识字,必能知礼名义,则泼妒之风可化,勃谿之事可无"④。通过女学,女性可以提高个人的修养,戒除以往因为没有受教育而养成的不良品行。

第三,在家庭层面,女学有益于相夫教子和谋生就业。

除了对妇女自身的裨益,女学对于整个家庭也有相当的意义。《申报》中就此大体从两个方面讨论。

一是,女学可以提高妇女修为,从而使她们更好地履行妻子的义务。例如,成为丈夫"齐治平"的助力者,"夫妇为人伦之始,讲女学者必计及之,亦平天下之要道焉"⑤。又如,提高妇女操持家务的能力,并增添与丈夫的家庭乐趣。另外,有利于育儿,"若母之于子朝夕不离,故子之行为母必先知,善则劝勉以

---

① 论女学[N].申报,1876-03-30.
② 再论女学[N].申报,1876-04-11.
③ 再论女学[N].申报,1876-04-11.
④ 再论女学[N].申报,1876-04-11.
⑤ 论女学[N].申报,1876-03-30.

成之,恶则告戒以阻之。然必母也贤则子方受其益"。① 这些均是从服务家庭、服务丈夫、服务孩子的角度总结的"好处",在家庭内部的角色格局中,妇女仍然是单方向的奉献者和陪衬者。

二是,通过女学获得知识与技能的妇女,可以从事格致、教读、著述等社会工作,从而打破性别的职业分工。知识女性可以同男人一样外出工作,为家庭提供补给,所谓"一技一艺,堪为糊口之赀,家贫亲老,或藉女子以沽升斗"。② 如此一来,妇女成为与男子一样的"有用之人",这无疑会极大地提高妇女的家庭地位。

虽然在女子接受教育的问题上,《申报》为国人打开了一扇窗户,但在言论文字之间仍能看到其浸染的"男主外、女主内"的底色,这种底色在为数寥寥的报章讨论之下迟迟未见消退。19世纪末,现代意义上的女学堂并未在国内铺开。直至维新运动,中国的女学发展才进入一个新的纪元。而女学生随之成为一种新的女性典范,映照晚清社会对女性新的期待。

2. 准女国民:《女学报》中的女学生形象

1898年百日维新前夕,近代中国第一所国人自办女学堂——中国女学堂(也称经正女学、中国女学会书塾),在上海高昌庙桂墅里诞生。在《中国女学堂缘起》和其他诸文中,作为学堂主要创办人的经元善等详述了创设女学的可能性和必要性:承先祖之法、继先哲之道和翼中国自强。其中,最值得注意

---

① 论设女教以端士习[N].申报,1876-11-01.
② 论女学[N].申报,1876-03-30.

的是第三点。经元善认为:"魁儒时彦,发愤著书,恫瘝生民,感切世变,每以今日中国不振,归咎于二千年女学不开……甲午后,创巨痛深,朝野之间竞言兴女学,今议开办女学以翼中国自强本计,区区之心仰遵教旨,列祖在天之灵当默鉴之。"①"西人通商我华,所到之处多开女学,以辱我国。以堂堂之中国,而无一女学堂,耻孰甚焉。"②这透露出甲午战败对晚清朝野士人心理上的重创,以及由此而来的对改变中国现状的迫切愿望。

1898年,《女学报》作为晚清第一份女性刊物在上海创刊,并聚焦于晚清上海第一所自办女学堂中的女学生,向读者们呈现了一个全新的女性空间——现代女学校,并在这个场景中建构出一类区别于传统才女的全新女学生形象。

中国女学堂创设之初,校舍、教习、男女董事均已就位,但对于学校而言,最重要的是学生。尽管此前传教士在国内开始了创办教会女校的尝试,但由于教会学校具有浓厚的宗教色彩,并且国人碍于"夷夏之辨"的观念,教会女校的生源大多来自教友家庭,社会影响力十分有限。因此,中国女学堂成立之时,招生依旧是一项十分困难的工作。《女学报》自第1期开始就承担起招生广告的任务,刊登《女学会书塾创办章程》,以及女学堂在开办与扩充之际拟定的《女学会书塾开馆章程》《女公学书塾馆课章程》《城塾办事章程》等。这些与招生有关的各项规定和细则,初步勾勒出女学生所应具备的资质。

1897年年底公布的《上海新设中国女学堂章程》共三十一

---

① 虞和平.经元善集[M].武汉:华中师范大学出版社,1988:182-184.
② 虞和平.经元善集[M].武汉:华中师范大学出版社,1988:197.

条,从各个方面对女学开办做了详细明了的规定。其中,关于女学生入学要求的规定如下。

第一,招选学生。初拟招生40人;学生年龄不得小于8岁、大于15岁。

第二,学规。章程规定中文、西文各半,先识字,再文法,再读各门学问,启蒙粗浅之书,后读史志、艺术、治法、性理之书;并设算学、医学、法学三专门之学,学生必须学习一门;另设师范科,专讲教育"童蒙之法";评定学生成绩,列等第,设奖赏;学成者给以文凭,可从事医生、律师、教习等职。

第三,费用。学费每月每生银一元,伙食不计其内。

第四,捐款条例。每年常捐款至五十元以上者,可以送一学生入堂读书,免除学费及伙食费;不论多寡,一元以上一律皆收。

需要说明的是,在1897年拟订的《上海新设中国女学堂章程》中,原本规定的女学生入学资格是:凡8岁至11岁者,必须略识字;12岁至15岁者,必须"识文法,能阅浅近之信札者,乃许入学"①。1898年年初,"因地因事,于原章不能不小有变通"②,经元善等另定《女学会书塾开馆章程》十四条,登载于《女学报》。与《上海新设中国女学堂章程》相比,《女学会书塾开馆章程》放低了入学要求,"只须清白良家,能遵守章程,皆可来塾肄业"③。

晚清,在上海谋生的年轻女性有相当一部分从事与娱乐业相关的工作,"清白良家"一条便将上海城中这些女性拒之门外

---

① 虞和平.经元善集[M].武汉:华中师范大学出版社,1988:226-228.
② 虞和平.经元善集[M].武汉:华中师范大学出版社,1988:230.
③ 女学会书塾开馆章程[J].女学报,1898(8-10).

了。每月一元的学费和鼓励捐款的条款,更是要求女学生的家庭有一定的经济实力,并且愿意为女子的教育投资。如此一来,即便是在上海这样的富庶之地,符合要求的女性也是少之又少。因此,开塾伊始,女学堂仅有学生 16 名,"十六个属于较高阶层的女孩已经作为学生和寄膳者入学了,适度地交了 310 美元,这些钱包括所有费用在内"①。中国第一批现代女学生家境都相对富裕,甚至接受过良好的家庭基础教育,这成为时人对于现代女学堂学生的初步印象:出身优越的精英女性。

从《女学报》刊登的中国女学堂内景图②中可以看到,女学堂教室中有世界地图、地球仪、温度计等教具,学规则高悬于教室墙上。女学生所学课程在《女学报》刊登的招生章程中已有介绍:中文与西文各半,所读之书包括史志、艺术、治法、性理,并设算学、医学、法学三专门之学,学生必须学习一门。从课程设置和女学堂内景可以看出中国女学堂与传统家塾的差别,中国女学堂秉承中西并重的方针,甚至更强调西学。从传教士报刊到维新刊物的反复启蒙,对于西学,国人的态度从排斥到接受,甲午之后,西学更是成为国人眼中的救国良方,备受推崇。女学生学习西学,在当时的语境下并不是赶时髦,而是意味着女学创办者们对女学生群体的期待——显然不是《申报》强调的实现个人价值、陶冶情操这么简单。

对女学生的期待,在《女学报》中随处可见。《女学报序》中援引"修身齐家治国平天下"的传统儒家理想,从中提炼出两个

---

① Margaret E. Burton. The Education of Women in China [M]. New York: Fleming H. Revell Company, 1911: 106.
② 中国女学堂内景图[J].女学报,1898(7).

核心概念"修身"和"齐家",并重新阐释为"家而曰齐者,男女所共治也。是则修身一事,本男女所同然也"。同时,《女学报》将修身、齐家理想的指涉对象从男性扩大到女性。修身四个逐层递进的途径"正心—诚意—格物—致知",全部被纳入"学"的范围,"四者功修,无一非出于学也"。又因为妇女之学为了"齐家",而"治平起于齐家",所以"佐于治平之功,似微而著",妇女之学将有益于国家政治①。

在《女学报》的论述中,女学之于女性的必要性并不在于培养文才、陶冶性情,而是落脚于国家治理。从《女学报》筛选出的历史女性事迹中也可以看出这种倾向。《女学报》从治道"仰追三代之风"开始,以"女教"为线索来重新梳理历史,还将周朝的兴盛归结为"阴礼"与"昏礼"所规范的"妇道",加上"学校"制度完备,以致女教兴盛。秦朝无"妇道妇礼",故"二世而亡"。汉孝文帝"隐维阴教之益",享国仅成周之半。虽然汉朝以来女子无缘学校教育,但由于"世儒之家自相为学",女教"赖此以不坠"②。这篇论说罗列历史中女性事迹,就是为了证明"女教与治道相关",由此构建出兴女学、培养女学生的合法性。"天下之治,本非一人之力,人人共此心,男女共此志。"③男女平等主要体现在"责任"而非"权利",女子就应如男子一样承担起救治"国之贫弱"的责任。

《女学报》也为女学生们指明了前景和出路——从事与国族建设相关的职业,即医生、律师、教师等职,这也是女学堂专设

---

① 薛绍徽.女学报序[J].女学报,1898(1).
② 薛绍徽.女教与治道相关说续第三期[J].女学报,1898(4).
③ 薛绍徽.女教与治道相关说续第三期[J].女学报,1898(4).

算学、医学、法学和师范科的目的。在商业勃兴的上海,女性可选择的职业较其他城市更为多样,并且很多职业对于女性而言门槛较低,甚至不需要专门学习就能胜任。但是,《女学报》推崇的女性理想职业,却是医生、律师等专业门槛极高的职业。对医学与法学特别看重,在今日看来很不寻常。即便学校能长久坚持,教学能力迅速提高,在当年教材、教师均甚匮乏之际,做此设想,也属悬得过高。一方面,这与培养女学生的目标直接相关。医生、律师两科在当时的知识分子眼中,可以有针对性地改善国家贫弱。医者,强人体魄;法律者,更是维新人士眼中西国强盛之法宝。女性欲为国家做出贡献,非此二职不可。另一方面,专业门槛极高的职业更能衬托女学的必要性。若鼓励女性从事无须专门学习的职业,于女学壮大并无益处。

如此,《女学报》在"修齐治平"的逻辑链条中为女学生找到了立身的依据,并围绕国族建设的需要来建构现代女学生的形象。"女学生"这个词语的意涵,超出了传统"才女""贤媛"的范围,成为肩负天下兴亡之责的准"女国民"。

从女学堂对女学生资质的规定中可以看出,中国人自办之女学与教会女校不同,并非以慈善为目的。究其原因,国人自办女学堂培养的女学生是为了服务于国族建设,必得精挑细选。因此,《女学报》特别强调女学生这个角色的"身份壁垒",其行为规范相比都市中的其他女性严苛得多。

首先,女学生不得缠足。女学堂开馆章程中特别强调,女学生入学资格"尤以不缠足为第一要义"①。从传教士报刊注

---

① 女学会书塾开馆章程[J].女学报,1898(8-10).

意到中国女性开始,缠足成为中国人愚昧的表征,到维新报刊中,缠足已经等同于国耻。作为准女国民的女学生,必须舍弃这个陋习。《女学报》也在论说中痛陈缠足之恶。虽然当时报刊中关于放足的论说已不算罕见,但多数报刊,如《申报》,主要还是以温和劝导的方式论说放足,而画报一类从审美潮流的角度引导女性放足。城市中的职业女性大多仅仅将放足视为一种选择,并非必要。相比之下,《女学报》的论说更显得疾言厉色和痛心疾首,甚至将放足视为获得女学生身份的首要条件。

其次,出身清白良家。如前所述,这条规定将租界中相当一部分年轻女子拒之门外,也强化了女学生的"精英身份"。为筹备女学堂,经元善曾联络各方召开筹备会议。1897年12月6日,122名中西女士出席了在张园举行的盛大宴会,即中国女学堂第四次筹备会议,其中包括西班牙和瑞典的领事夫人。这次史无前例的女性集会,其首开风气的意义远远超出会议内容本身,又因为与即将开馆的国人第一所女学校直接相关,所以上海报界大为震动。会议召开时,《女学报》尚未创刊,但《女学报》还是在第 2 期转载了《点石斋画报》中关于此次大会的新闻画《裙钗大会》,以宣扬女学对风气的引领。有意思的是,《点石斋画报》原画配文中特别突出了大会一位女性的身份,即京都同德堂药店主人孙瑞之"私妇"彭寄云,该女士担任学堂内董事,《点石斋画报》称彭氏的出场为此会"最奇者"①。而《女学报》

---

① 裙钗大会[J].点石斋画报,1897(12).

在转载时删去了彭寄云的"私妇"身份①,足见《女学报》对于身份"清白"的看重。

三、遮蔽与凸显:报刊视野与女性形象

(一)《申报》:都市空间中的商业思维

综观晚清上海众多报刊,能够对近代上海女性新兴社会角色及相关活动做出几乎全景式观照的,首推《申报》。从娼妓、艺人、女佣、女工到女学生,《申报》对她们的呈现丰富而具体。而专为"二万万女性同胞"创办的各类女报,其对女性社会角色的呈现则显得单一,几乎就是聚焦于女学生群体。

若是从反映论的标准来衡量,《申报》似乎更接近晚清都市女性社会生活的真实状态。尼克拉斯·卢曼(Niklas Luhmann)认为,大众媒介所表征的"世界","不是一个对象,只能是现象学意义下的界域",因为世界是根本无法达及的②。与其说媒介是在"表征实在",不如说媒介是在"建构实在",是"媒介授予事件、人物、团体、讨论、争论和故事以可见性"③。不论媒介如何反复宣导"客观与中立",不同的媒介都有其特定的站位和视

---

① 夏晓虹.彭寄云女史小考[J].中国现代文学研究丛刊,2001(3).
② 尼克拉斯·鲁曼.大众媒体的实在[M].胡育祥,陈逸淳,译.台北:左岸文化出版社,2006:30.
③ D. Dayan. Conquering Visibility, Conferring Visibility: Visibility Seekers & Media Performance[J]. International Journal of Communication, 2013(7).

野,这恰恰决定了什么能够进入报刊版面,也决定了大众透过媒介所看到的是什么。因此,即便号称"耳目所周者,罔不毕录",《申报》眼中的女性社会生活和社会形象也是隐含了报刊的独特视角的。

作为晚清最成功的大众化报刊,《申报》的发行范围远远超出上海一地。但用"大众化"来形容《申报》的定位还不够准确,《申报》在严格意义上是一份城市报。与之前的报刊不同,《申报》有着明确的地方意识①。《本馆告白》直言:"向见香港唐字新闻体例甚善,今仿其意设申报于上洋。"②随后的《申江新报缘起》又申明:"本馆先设上海,故曰《申报》。"③这既是对报纸地方属性的说明,更是对自己归属的认同。由此确定了"耳目所周"的界域——上海。这不仅表明《申报》版面"所重者应在申江各新闻",更重要的是,在很多情况下,尤其是创刊初期,《申报》对本埠社会新闻和事件的解读中并不包含当时报刊中通行的国家视野,"牵涉上海的部分,国家几乎是不存在的"④。

"中国最早的城市的特征,乃是作为政治权力的工具和象征。"⑤但《申报》把上海的城市性确定为"贸易之场""中华一大码头",从而消解了城市原有的政治和文化意义,上海变为一个

---

① 黄旦."奇闻异事,罔不毕录":上海"城"的移动——初期《申报》研究之二[J].学术月刊,2017(10).
② 本馆告白[N].申报,1872-04-30.
③ 申江新报缘起[N].申报,1872-05-06.
④ 黄旦."奇闻异事,罔不毕录":上海"城"的移动——初期《申报》研究之二[J].学术月刊,2017(10).
⑤ 张光直.关于中国初期"城市"这个概念[J].文物,1985(2).

单向度的商业性城市①。虽然主持笔政者为华人,但《申报》毕竟是西人的产业,报馆在公共租界,并且受工部局管辖。据说美查在创办《申报》之前,就报纸的法律基础和保障征询过京城的英国外交机构,得到的回复是,如果作为一种商业性质的企业,可以受到条约的法律保护②。因此,对于办报目的,美查直言不讳:"原因谋业所开者耳。"③从《申报》所载内容来看,其谋业的主要方式就是成为城市商业的信息中枢,调节贸易秩序,勾连各方关系,并以此嵌入城市的商业网络。在"杨月楼案"中,《申报》的论说曾经溢出商业的边界,引发社会风波,导致英国使馆的不满,表示《申报》如此作为不应得到使馆庇护。在这样的压力下,《申报》此后不再轻易涉足政治。

在此背景下,《申报》愿意给予下层普通女性足够多的关注,并不奇怪。《申报》眼中的女性,准确说来,就是"城市的""商业领域中"的女性。上海/城市是《申报》建构这些职业女性形象的基本尺度,而是否有利于商业发展,尤其是否有利于华商的利益,成为衡量这些女性职业存在的合法性基础。《申报》以她们在城市的商业网络之中的位置来定义和解读她们,从人力资源需求的角度来认识女性的价值和权利,着意突出她们生产者和消费者兼具的角色面向,而弱化与这些角色相关的道德的、政治的争议。

---

① 黄旦."奇闻异事,罔不毕录":上海"城"的移动——初期《申报》研究之二[J].学术月刊,2017(10).

② Natascha Vittinghoff. Readers, Publishers and Officials in the Contest for a Public Voice and the Rise of a Modern Press in Late Qing China(1860–1880)[J]. T'oung Pao, Second Series, 2001(87).

③ 申江新报缘起[N].申报,1872-05-06.

（二）《女学报》：国族目标下的进步主义

相较而言，晚清女报的视野与《申报》这类城市商业报刊完全不同。实际上，女报之"女"并不能完全道出这类报刊的"原质"①。在比较女报与其他报刊时，女报之"女"只表明其言说对象的性别，还不能触及报刊的视野和立场。从女报所呈现的面貌来看，女报对于哪些人物、何种新闻可被纳入女报，并以何种面貌呈献给读者大众，实际上有一个明确的框架。

最早关于女报的设想源于梁启超。梁启超在《时务报》创刊号上发表的名篇《论报馆有益于国事》，首次提出创办妇女报的倡议：

> 朝登一纸，夕布万邦。是故任事者无阂隔蒙昧之忧，言学者得观善濯磨之益。犹恐文义太赜，不能尽人而解，故有妇女报，有孩孺报。其出报也，或季报，或月报，或半月报，或旬报，或七日报，或五日报，或三日报，或两日报，或每日报，或半日报。国家之保护报馆，如鸟鬻子；士民之嗜阅报章，如蚁附膻。阅报愈多者，其人愈智；报馆愈多者，其国愈强。曰：惟通之故。②

如前所述，梁启超的观念代表了中国第一批报人对于现代报刊的共同理解：报刊是解决当政者闭目塞听的"国之耳目"，办报的出发点和归宿都是为了国家和政府。"有益于国事"既

---

① 戈公振.中国报学史[M].北京：生活•读书•新知三联书店，1955：6.
② 梁启超.论报馆有益于国事//强学报•时务报：第1册[M].影印版.北京：中华书局，1991：4.

是办报的目的,也是衡量报刊价值的标准。梁启超在这篇文章中提纲挈领地提出创办女报,绝非偶然,至少在当时的精英知识分子的设想中,女报的功能和形态及创办女报的目的,与《时务报》等严肃政论报刊是一致的。

中国历史上第一份女报《女学报》的创刊确实与这批知识分子有密切关系。受梁启超的影响,1897年,经元善联合梁启超、康广仁、郑观应、陈季同、施则敬、严信厚等,着手创设中国女学堂。为求"名实相符",学堂内妇女主权、"皆用妇女"①。这批女性也顺理成章地成为随后创立的《女学报》的编者和主笔。1898年5月,署名为"上海桂墅里女学会提调、女董事等公启"的《中国女学拟增设报馆告白》刊出:

> 中国女学不讲已二千年矣,同人以生才之根本在斯,于是倡立女学堂,现定四月十二日开塾,已登报告白外,欲再兴女学会,更拟开设官话女学报,以通坤道消息,以广博爱之心。②

这篇告白连续在《时务日报》(1898年5月25日)、澳门《知新报》(第55册,1898年6月9日)、《湘报》(第87号,1898年6月15日)上刊发,预示即将诞生的中国第一份女报与维新报刊的紧密联系。《女学报》创刊号在报名左侧,以显著位置列出了"本报主笔"。分析女报主笔的构成,这层关系更加明晰:康同薇乃康有为长女,李端蕙(蕙仙)为梁启超夫人,廖元华(佩琼)为康有为弟子龙泽厚夫人,朱蒓兰为经元善如夫人,狄宛迦为狄保贤三姐,薛绍徽为陈季同弟媳。剩下未列名者,家中男性或多

---

① 虞和平.经元善集[M].武汉:华中师范大学出版社,1988:226-228.
② 中国女学拟增设报馆告白[N].时务日报,1898-05-25.

或少与维新团体有交集。1898年9月21日戊戌政变之后出刊的《女学报》,主笔名单随即撤下了李端蕙、康同薇、廖元华等人。如此,《女学报》是康有为、梁启超等人鼎力支持的维新事业,已是无法回避的事实。

实际上,这些出身精英家庭的女性虽然顶着主笔的名号,但真正能识字作文者凤毛麟角。经元善经常代替不能读写的小妾朱芷兰回复书信,而报中署名为朱芷兰的文章,实际也是经元善代为捉笔。《女学报》也常言著述之难:"不知两万万女子中间,能当主笔的,有一两半人么?"①可以推想,身为主笔的女性,能读会写者尚无几人,更不用说对于报刊这种新媒介有自己的认知了。报为何物?如何办报?获取这类知识最方便的途径,便是以她们背后的男性所创办的报刊为样本。

从《女学报》首期的《本馆告白》可知,其编排风格是在效仿《湘报》,分论说、新闻、征文、告白四个栏目;版式设计也基本类似,"其式单张,如《湘报》,以便裁定……用端楷缮写,洁白纸料石印"②。《女学报》的英文报名"CHINESE GIRL'S PROGRESS"则是模仿《时务报》自第18期开始出现在刊头的"The Chinese Progress"③。

《女学报》对维新报刊的模仿,除了"形",还有"神"。在某种程度上,《女学报》的英文名更能表明该刊的取向——《女学报》创刊的最终目的是"中国女性的进步",女学之所以成为《女学报》主要的甚至唯一的议题,是因为《女学报》将接受教育看

---

① 潘璇.论女学报难处和中外女子相助的理法[J].女学报,1898(3).
② 本馆告白[J].女学报,1898(1).
③ 刊头[N].时务报(第18册),1897-02-22.

作女性进步的唯一正途,女性进步又是为了更好地承担起"国民母"的责任,如此一来,女学兴,国家强。这与《时务报》在国族建设的框架下所设想的女性改造方案如出一辙。

虽然创刊于上海一城,但《女学报》的站位和视野却是"国家"。这在主笔潘璇对《女学报》的名称的解释中可以得到证实。《女学报》原本拟订的名称为《官话女学报》,后因主笔意见"不能一律",认为"官话"放在报名中"虑失雅观",改名为《女学报》,但其实用官话(白话)的立场却没有改变。潘璇对"官话"的立意有如下解释:"现在这个英文、法文、俄文、德文,是英国、法国、俄国、德国,四大国国中通行的话;我中国通行的,有这官话。'官'字是公共的字,'官话'就是公共的话了。我们如今立报,应当先用官话,次用土话。为什么呢?因为土话只能行在一乡一村的,不能通到一县一州;行在一县一州的,不能通到一省一国。本报章定用官话,乃是公共天下的意思。你想这官话的用处,是寻常吗?"① 使用官话是期望《女学报》能通"一乡一村""一县一州""一省一国",从而"公共天下"。这几乎就是维新知识分子认为报刊应该"通中外、通上下"的翻版了,也再次证明《女学报》的国家视野。因此,《女学报》的基本尺度和论说背景从一开始就是国家。

另外,虽然《女学报》的论说看似是对中国"二万万女性"的呼号,但其大部分篇幅是对晚清士人政论体的模仿。这种报章文源自王韬为了"撰述"或献言于"我皇上",是一种带有"清议"建言献策色彩的政论,梁启超后来将其发展为"救一

---

① 潘璇.上海《女学报》缘起[J].女学报,1898(1).

时,明一义""供一岁数月之遒铎"的时务体,成为干预现实政治的报刊政论体①。因此,《女学报》实际的言说对象应该也是与严肃政论报刊一致——在政治格局中处于决策位置,或者至少有能力左右国家政治决策的人。从内容上来看,《女学报》经常表现出对于国家当政者,尤其是对慈禧的"过度尊崇"。例如第3期《太后出游》报道慈禧拟往天津,文末评论:"我中国皇太后如是之尊,今日驾言出游,诚古今所罕闻,亦众人所不及料。由是观之,将来中国风气之大开,未始非皇太后今日此举动开之也。闻之不觉狂喜。"②这表明《女学报》的编者们希求通过帝制下的政治权威以推动女性启蒙。相较而言,1903年的《女报》中已少见这种"闻之不觉狂喜"之夸张心态,但编者仍想借助官方权威宣扬女权的想法并无二致。这从编者在"京城女学堂"中强调太后阅览《女学报》这一细节中便可窥一斑。

报刊的发行网络和读者构成也可以证明这一点。《女学报》最初作为女学堂校刊在女学生群体和维新人士相关的交际圈子中流传,但由于创办女报本身就是一项前无古人的创举,一时间被社会众人引为奇观,"每印数千张,一瞬而完"③,实际的发行范围远远超过女学生群体。而后有了较为稳定的读者群体,《女学报》开始主动建构自己的发行网络,在1899年3月6日④的《本馆告

---

① 王风.世运推移与文章兴替——中国近代文学论集[M].北京:北京大学出版社,2015:174.
② 太后出游[J].女学报,1898(3).
③ 本报告白[J].女学报,1898(8).
④ 据夏晓虹考证,《女学报》至1899年3月还在刊行。参见夏晓虹.晚清两份《女学报》的前世今生[J].现代中文学刊,2012(1).

白》中公布"每月出报一次,托苏报馆随报附送"①。这不仅说明《女学报》与《苏报》建立了密切合作关系,也说明在编者眼中,《女学报》的目标读者群体与《苏报》这种政论报刊是大致重合的②。

也因此,《女学报》的言说必定是在政治领域内的。在谈论女学时,主笔薛绍徽援引"修身齐家治国平天下"的逻辑。与传统思想不同的是,她将修身、齐家理想的指涉对象从男性扩大到女性。妇学为了"齐家",而"治平起于齐家",因此,"佐于治平之功,似微而著"③。女教直接关乎治道,"天下之治,本非一人之力,人人共此心,男女共此志"④。这篇简明扼要的论说基本上可以代表《女学报》对于女学、女学生的设想,将女学纳入国家政治的版图,而兴女学、培养女学生的合法性也由此而来。

总之,《女学报》是在国家和政治领域内建构女性形象,评价女性价值的标准,从传统的"宜室宜家"变成"有益于国事",兴女学、办女报也同样是为了国家。

《女学报》建构并确立了中国最早一批"女学生"的形象,成为上海女学培养女学生的标杆。爱国女校在1902年开办之初就带有浓厚的革命色彩。在爱国女校开学典礼上,蒋智由畅谈爱国与女子的关系,认为"英雄豪杰不分男女","今开学堂,则将视女子为英雄豪杰之女子",同时,提到学堂之宗旨:"今之进

---

① 徐楚影,焦立芝.中国近代妇女期刊简介//丁守和.辛亥革命时期期刊介绍:第4集[M].北京:人民出版社,1983:682.
② 1898年,《苏报》由陈范接手。陈范本人与维新派关系密切,其兄还因参与戊戌变法被捕。
③ 薛绍徽.女学报序[J].女学报,1898(1).
④ 薛绍徽.女教与治道相关说续第三期[J].女学报,1898(4).

学堂也,习国文,习东西各国文,研求各学科也,将以增吾知识,完吾德行,而达所谓英雄豪杰之目的,而后方得为成材也。"①爱国女校在成立之初也开设国文、外文和理化等科目,目的是培养可以为革命所用的"女英雄"。而同样创办于1902年的务本女塾,虽然以培养传统的"温良恭俭让"为女学的宗旨,仍然不乏爱国与解放妇女的热情。

(三)视野决定形象:世俗的女人和兴国的女国民

不同的报刊视野造成报刊建构的女性形象的差异。对比《申报》和《女学报》中女学生的形象,这种差异就更清晰了。首先,在《申报》中,女学被视为女性施展个人才能和实现人生价值的途径——充实闲暇时光、著书立说、像男子一样留名青史,而《女学报》几乎没有提及女学在女性个人才能层面的意义。其次,女学有益于女性家庭地位的提升,能够更好地承担起母职和妻责。《女学报》虽然也在家庭层面展开论述,但女性在家庭层面的价值最终导向对国家政治的助益。最后,《申报》谈到女学帮助女子培养职业技能,有利于女子经济独立,并拥有多样的职业选择。而《女学报》为女学生规划的职业理想仅限于医生、律师、教师等有益于文明发展和国家进步的工作,换言之,就是为解决国家贫弱而亟须开拓的职业种类。

虽说《女学报》与女学堂的密切关系,使得女学生这个角色占据《女学报》几乎全部版面,但在这样的报刊视野之下,以"有益于国事"的标准来看,恐怕娼妓、堂倌、女工之类必然不可能

---

① 爱国女学校开校演说[J].女报,1902(9).

进入《女学报》的版面。《女学报》眼中的理想女性角色几乎等同于女学生。如此,《女学报》为女学生所设的资质门槛——出身良家、具有一定的读写能力、家境相对宽裕,也就可以理解了。如果女学生的使命是担负起国家建设重任,那么堪当大任者非女性群体中的精英莫属。

虽然《申报》在上海及其周边地区的发行量是《女学报》无法企及的,但是在时人眼中,《申报》关于女性问题论说的权威性远不及《女学报》。从某读者给申报馆投寄的《申报馆赋》中,可以看出普通读者对《申报》的调侃,讽刺《申报》选材多为"小偷流氓,鄙道贫僧,恶少摸乳,老翁献臀,某甲某乙,为隐其人"①。因此,《申报》对于女性生活化、世俗化的呈现,大多被当作茶余饭后的消闲谈资。《申报》中关于女学生的报道时常被当作一种"性别奇景"或"社会轶事",对她们服饰、样貌、举止的关注常常超过她们对于社会发展的意义。作为女学生标志性符号的学生装,俨然是社会时尚潮流的新标杆,受到各界女性的追捧和模仿,但也引发了大量社会批评,直指由女学生引领的这种时尚风潮肤浅浮躁。

读者,尤其是女性读者,对《女学报》则推崇备至。《女学报》定价不低,却销量奇佳,"每印数千张,一瞬而完"②。《女学报》对于自身的视野和论说方式颇为自豪,认为女报的出现可以纠正某些报刊在女性问题上"笔墨太冶荡,只顾自己的销畅,不顾了报章的体面"的不足③。而反观《申报》对上海洋场中灯红酒绿的描绘

① 申报馆赋[N].申报,1873-02-15.
② 本报告白[J].女学报,1898(8).
③ 潘璇.上海《女学报》缘起·第二节论本报为女学起见[J].女学报,1898(2).

和对娱乐业女性的过度关注,在当时社会风气还未完全开化的情形下,可以说基本符合《女学报》所讽刺的那一类报刊。

当时的公众和不少后世研究者,均倾向于《女学报》代表了一种前所未有的女性视野,女报的权威性正是来源于此。有论者认为:"以女子论女学,故亲切有味,耐人深思,至理名言,非同肤泛。"①这种认为女性能够最有效地言说女性问题的观念不独这位论说者有,在整个晚清都颇为流行。《女界钟》作者金一指出,"使百男子破嗓于万众之前,不如一女子呖音于社会之上,以是功效成而势力大也"②。事实上,《女学报》的权威性在很大程度上来自与严肃政论报刊口径一致的国家政治层面的言说。并且,《女学报》除少数几个女性主笔,不少论说其实出自男性精英知识分子之手。《女学报》经常在《本馆告白》等栏目中强调女性主笔的主导地位。尤其值得注意的是,所有文章在署名时"称母家姓不称夫姓",以体现对妇女的尊重和《女学报》的相对独立性。这种做法放大、凸显了一种女性视角,而将《女学报》中隐含的男性视角隐藏起来。这在当时由男性知识分子主导的报刊话语领域显得极为特殊,极大地提振了《女学报》的声名,并且作为一种典范和惯例被后来的女报延续下去。1904年出版的《女子世界》中就有不少男性作者假托女性之名发表论说,例如周作人曾化名"萍云女士""碧罗女士"。究其原因,一方面,受限于教育资源,当时具有真实读写能力和一定见解深度的女性实属罕有;另一方面,女性的名号确实能够提升此类报

---

① 碧城女史论提倡女学之宗旨书后[N].大公报,1904-05-22.
② 金一.自由血[M].上海:镜今书局,1904:128.

刊的声誉和关注度。

随着《女学报》声名鹊起,加上该刊物在严肃话语领域的地位,女学生成为晚清妇女解放实践的先锋。这部分女性被视为"二万万女性"的代言人,她们的境况和所思所想被赋予前所未有的可见性。就上海的情况来看,"查上海租界年轻女子,共有六万四千人。其中,在新学界读书者有一千人,在各厂作工者有三万人"①。相较于庞大的女工和其他职业女性群体,女学生只占极小的比例,但这"一千人"的"女学界"却成为近代女权运动的全权代表。

"宣扬女子教育、报道女校活动、展示女学生风采"也成为晚清上海女报的主要议题,甚至是全部内容。1899年,陈撷芬创办的面向广大女性的刊物,虽然名为《女报》,但强调"本报专为劝导女学,故语有偏注处,非谓德不足重也"②。言下之意,虽然知道谋求女性进步不只女学这一样,但女学是最为要紧之事,陈撷芬尽管犹豫,"《女报》的命意,添个'学'字,反倒包括不住"③,但还是在1903年将刊物更名为《女学报》,其所载内容——女学论说、女子教育论、各国各省女学的章程等,大抵没有溢出女学的范畴。1904年的《女子世界》眼中的"女子世界",就是女学的世界、女学生的世界。这些女报大多自觉承担起作为女学堂补充教材的责任。

自此,对于当时的女性而言,成为女学生,从现实所处的"三千年来不齿于人类"④的社会底层,一跃成为掌握国家命脉的准女国民,在晚清社会已是新的最高理想。

---

① 调查上海租界年轻女子实数[N].时报,1907-06-29.
② 续办《女报》事例[N].时事采新汇选,1902-04-21.
③ 本报初次改良[J].续出女报,1902(8).
④ 初我.女子世界颂词[J].女子世界,1904(1).

第五章

女界初现：晚清女性的公共书写与群体行动

一、作为行动集体的女界：晚清上海女性的关系网络与组织

（一）基于血缘、地缘的女性关系网络及群体实践

进入城市谋生或者接受教育的女性，在获得相对的独立和自由的同时，也意味着失去了传统大家族的支持。在城市这个充满陌生人的空间，女性必须作为独立的个体面对日常生活中的一切。出于合群的本能，城市中的女性开始寻求同性的帮助与扶持，并在这个过程中逐渐建立起以单一性别为依托的女性集体。

娱乐业中的大部分行当古已有之，从业者们的就业途径也延续了传统社会的熟人引荐，因此，从业者之间大多有亲缘或地缘上的接近性。以女艺人为例，弹词女艺人之间的关系谱系主要由地缘、业缘和血缘组成。王韬在《沪上词场竹枝词》序中介

绍:"前时词媛以常熟为最,其音凄婉,令人神移魄荡,曲中百计仿之,终不能并驾齐驱也。"①后来,弹词女艺人多标榜自己的"苏州身份"。1874年的《申报》写道:"唱说弹词号女先,姑苏新到小婵娟。琵琶半抱伴遮面,含笑低头学簸钱。"②由于弹词本身有着严格的技艺要求,弹词女艺人间往往有着师承关系,所谓"向者词场诸女,皆有师承,例须童而习之"③。除此之外,弹词女艺人的家族倾向也十分明显。表5-1中统计的道光至光绪年间的书寓女弹词艺人有着很强的代表性。从中不难看出,虽然女艺人是一种以业缘联系起来的群体,但血缘在其中依然具有重要意义。

表 5-1 道光至光绪初年著名书寓女弹词艺人关系一览表④

女弹词艺人姓名	关　系	女弹词艺人姓名	关　系
王幼娟—王丽娟	姊妹	朱品兰—朱素兰、朱素卿	姊妹
徐宝玉(母)—徐雅云	母女	胡丽卿—胡雅卿	姊妹
陈芝香(师)—陈月娥、陈月筝	表亲、师徒	施月兰—袁云仙	姊妹
唐云卿—薛宝蟾	姊妹	陈月筝—陈月娥	姊妹

① 顾炳权.上海洋场竹枝词[M].上海:上海书店出版社,1996:494.
② 沪游竹枝五十首[N].申报,1874-06-11.
③ 顾炳权.上海洋场竹枝词[M].上海:上海书店出版社,1996:494.
④ 周巍.明末清初至20世纪30年代江南"女弹词"研究——以苏州、上海为中心[J].史林,2006(1).

续表

女弹词艺人姓名	关系	女弹词艺人姓名	关系
姜月娟、姜月卿—姜月娥	姊妹	张秀娟—张凤娟	姊妹
胡兰芳—胡桂芳	姊妹	朱静香(师)—朱幼香	师徒
吴素卿—小桂珠	同师门	程黛香(师)—程大宝	师徒

女佣、女堂倌求职的方式除了由同乡牵带或熟人介绍,还有一种途径是通过"荐头"。葛元煦在《沪游杂记》"女荐头"中写道:"雇用女仆必由女荐头处唤来,大约无锡乡间荡口镇人最多。"① 徐珂在《清稗类钞》"奴婢类"中介绍得更详细:

> 上海之介绍佣仆者,曰荐头,有店,设于通衢,以苏州、常熟、扬州为最多,且有松江、镇江、通海、绍兴、杭州、宁波人所设者。男女佣仆,均可介绍……扬州荐头有证书,大姐工资大约半于娘姨,每领一人至,给荐头酒钱若干。试用三日,议定工资,即须先付一月,以后月杪照付。荐头用钱,则视工资多少,抽取四成,主仆各任其半。例如工资每月银三元,则主仆各出六角。②

女荐头的存在令女佣的求职和从业更加市场化,甚至具备现代家政公司管理人的雏形。同时,荐头也是女佣群体中的关键联络人,不仅依雇主需求推荐合适的女佣,也对女佣的工作和

---

① 葛元煦,黄式权,池志澂.沪游杂记·淞南梦影录·沪游梦影[M].郑祖安,胡珠生,标点.上海:上海古籍出版社,1989:24.
② 徐珂.清稗类钞:第11册[M].北京:中华书局,1986:5265-5266.

人身安全负责。若女佣走失，其家人往往最先向荐头寻人。一些荐头还负责调和劳资关系。若女佣与雇主家庭产生劳动纠纷或受到雇主家庭虐待，基本也是荐头出面解决矛盾。甚至在一些需要诉讼解决的较为严重的劳资纠纷中，荐头常常作为女佣的担保人帮助其处理相关事宜。因此，"荐头店"成为来自同乡的女佣们最早的联络中枢。

上海女佣群体虽然并未形成正式的劳工组织，但已初步显示出以职业为依托的集体意识。1898年，上海法租界以建路为由，强行平毁了一处宁波商人的墓地坟冢。后来，法租界又以修建医院为名，强行征收四明公所的地产。法国人的蛮横行径当即引起公愤。宁波商人一怒之下宣布大罢市。法租界当局不肯让步，双方一时僵持不下。宁波商人虞洽卿游说同乡的苦力劳工一起来罢工，并且特别说动了租界里的宁波女佣们，鼓动她们不去给洋雇主们洗衣做饭，他在背后出钱襄补。商人罢市、苦力罢工、女佣罢洗，历时达半年之久，法租界秩序大乱，英、美租界也受到牵连。最终，罢工取得胜利，墓地产权终被归还[1]。通过参与罢工，女佣的集体意识进一步增强，并初步显示了这个群体对于上海城市生活和社会秩序的影响力。但总的来说，女佣群体的交往关系还是建立在地缘基础之上的，其社会关系网络主要限于雇主家庭与同乡同行之间。

女工群体的社会关系网络也与之类似。上海的女工主要分布在缫丝厂、茶栈等轻工企业，其中以缫丝厂雇用女工最多。据统计，1882—1894年，上海的4家外商丝厂、8家华商

---

[1] 丁日初,杜恂诚.虞洽卿简论[J].历史研究,1981(3).

丝厂雇用工人合计近一万人,其中,女工占了90%以上,仅缫丝一业即有女工近九千人①。《申报》记载过这些女工的来源和招工方式:"一闻有人招雇女工,遂觉勃然以兴,全家相庆,举国若狂,利之所在,人争趋之。于是相与连袂随裾,或行逐队以去……呼朋引类,无论小家碧玉、半老徐娘,均各有鼓舞,踊跃之心,说项钻求,惟恐不能入选。"②这说明上海地区的女工主要来自周边乡镇,一地获知招工信息,当地女性往往会结伴而行。朱邦兴等人所编《上海产业与上海职工》一书中的描述也证实,20世纪上半叶,缫丝业女工人中有60%是苏北人③,招工途径往往是农村里乡人相互介绍。可见上海的女工群体来源非常集中,大多来自上海周边的农村地区,社会关系以同乡为主。

女工群体的群体性公共实践主要是罢工。1891—1917年,仅上海一地的女工罢工就多达29次④。1895—1910年,有记载的上海工人罢工为33次,其中76%是非技术型女工发起的⑤。梳理19世纪80年代至20世纪初的上海女工罢工情况发现,这一时期的女工罢工虽然频繁,但是规模都不大,参与罢工的人数基本在数十人至一百余人之间;所有的罢工都没有超出"一厂"的范围,参与罢工的女工均来自同一厂区,维权对象也都是工厂

---

① 徐新吾.中国近代缫丝工业史[M].上海:上海人民出版社,1990:135-140.
② 论妇女作工宜设善章[N].申报,1888-04-01.
③ 朱邦兴,胡林阁,徐声.上海产业与上海职工[M].上海:上海人民出版社,1984:187.
④ 刘宁元.中国女性史类编[M].北京:北京师范大学出版社,1999:210.
⑤ 孙毓棠.中国近代工业史资料:第二辑[M].北京:科学出版社,1957:1299-1301.

厂主;女工罢工的原因,几乎全部与薪酬有关,"追讨工资"的行动占90%以上①。

女工频繁罢工的确显示出女性群体意识的觉醒,但是罢工斗争的效果明显受制于女工有限的社会关系网络。女工的大部分时间都被繁重的工作占据,很多女工散工后还要承担家庭劳作,日常往返于工厂与住处两点之间,因此,女工群体的主要交往对象就是同一厂区的同事,而大部分同事实际上是本就认识的同乡。女工群体实际上还保持着传统社会"首属群体"的特征——以同乡为主的熟人关系网络。这使得女工的集体行动主要限于熟人之间。从女工罢工情况来看,"拖欠工资"并不是某个工厂的个别问题,而是在很长一段时间内存在于上海各个工厂的普遍问题。但各工厂的女工依然只是在自己的工作场所进行规模十分有限的抗议,并没有试图就这个普遍问题进行大规模的联动罢工。从这个角度来看,女工频繁罢工恰恰是因为女工力量分散,导致为同一个问题反复斗争,而问题依然得不到解决。女工罢工的结果多为失败,即便诉诸司法机关,会审、公廨等最常采取的方式便是"谕令各散,听候讯明"②,"慰谕再三,并饬毋许集众滋事"③,大多以不公正的判决草草收场,司法机关也认为区区百人不成气候。晚清上海多至万人的女工群体并未展现出应有的群体影响力。

女工群体基本上代表了晚清上海大部分女性的社会关系和公共实践的状况。作为独立个体谋生,虽然让这部分女性得以

---

① 姚霏.空间、角色与权力:女性与上海城市空间研究(1843—1911)[M].上海:上海人民出版社,2010:235-238.
② 买办与女工冲突[N].申报,1910-01-08.
③ 丝厂女工聚众控告[N].申报,1908-03-27.

从小家庭的血缘关系网络中解放出来,融入更大的社会网络中,但关系网络的拓展仍依赖日常生活中的具身交往实践。社会交往和活动空间的有限性,使得这类女性群体呈现出以血缘关系为核心,沿着地缘、业缘的关系线索向外有限拓展的特点。因此,在上海谋生的女性虽然人数众多,但交往关系形态主要是行业内部的分散的小群体。

(二) 基于学缘的女性关系网络及群体实践

同一时期上海女学生群体的社会交际网络,呈现出与女工群体完全不同的特点,交往关系超越了血缘、地缘的限制,初步呈现出公共关系的特征,甚至出现了组织架构清晰明确的女性社会组织:女学会。与罢工时期女工的短暂性聚集不同,女学会有明确的目标与章程,内部结构井井有条,女性关系网络从罢工女工的"群体",逐渐成长为女学会这样的"组织"。

晚清上海女学生关系网络的公共性特征,得益于报刊的深度介入。如前所述,晚清女学几乎就是在报刊的"注目"中成长壮大起来的。1897年4月、5月连载于《时务报》的《变法通议·论女学》一章,最先开启了关于创设女学的讨论,经元善正是受此启发萌发了办女校的决心。同年11月,《时务报》刊发《倡设女学堂启》与《上海新设中国女学堂章程》,虽然中国第一所女学堂还未落成,但时人心中开始有了女学堂的雏形。作为女学堂发起人的经元善位居上海电报局总办的要职,对现代传媒的影响力更有切身体验。于是,中国女学堂自筹建阶段始,便极力与上海多家报刊建立联系,如《新闻报》《申报》等,展开声势浩大的宣传活动。中国女学堂从筹备到建校,几乎每个环节都非常倚重报刊的联络和中介。

1897年12月初,为商议中国女学堂的开办事宜,百余名中西女士聚会于上海张园,包括瑞典、西班牙两国领事夫人在内的西方女士66人,以及经元善之妻魏媖和梁启超之妻李端蕙等中方女士共计56人。这次跨越国别、地域的中西妇女大会在晚清可谓史无前例,开女性公共集会风气之先。而促成这次大会的,除了经元善和维新人士对熟识女眷的动员,报刊的作用也至关重要。

为使上海关心女学之事的女士闻风而动、尽量赴会,经元善特意于开宴前三日,在读者最多的《申报》和《新闻报》上刊登《中国女学堂大会中西女客启》。《新闻报》先一日登载于新闻版,《申报》则在广告栏中连续两天推出。启事热情邀请各方女士:"惟此次请客,有具柬往邀而坚辞者,有失于备帖而愿来者,难免挂一漏万。同人公议,此系宇内大公之局,并非承乏者一己私宴,凡诸贤淑均是客、均是主也。"主办者"特登报布告",就是为了强调本次集会的公共性质,为示"大公"之义,"凡吾华寓沪官绅士商名门良家太太、姨太太、小姐,未曾具柬而欲恭逢其盛者,均可一律光临"。来者只需将姓名、公馆地址送至上海电报局,当即奉送请帖[①]。这才有了百余名女士集结于张园的盛况。其中,有相当一部分女士是通过报刊广告得知集会消息的。原本互不相识的女性,因报刊的消息济济一堂,得到了参与建设女学事业的机会。在这批女性中,有不少人随后成为中国女学堂的女提调、女董事和中国女学会成员,围绕女学的共同体已初具雏形。

女学堂经费的筹集同样依赖报刊。为凸显女学堂是女子自

---

① 中国女学堂大会中西女客启[N].新闻报,1897-12-03.

办之事业,一方面,女学堂通过报刊向各地女性征集捐款,捐款人名录和支出情况按月刊登于《时务报》。《时务报》登载捐款人姓名是为了表示谢意。另一方面,这些支持女学事业的女性也通过这种方式被纳入女学共同体中。捐款人名录中既有财力优厚的贤媛闺秀,也有各驻沪领事夫人,还有不少捐款人来自外埠。

借助报刊,创办者们将女学堂办成了一桩公共事业,不仅账目公开,以示秉公办理,而且将同人与外界的不同意见公诸报端,引发公众的参与兴趣,公众对女学堂的关切远远超出上海一地。远在广西的秀峰书院山长曹驯的夫人魏氏,便因"近阅日报,知上海有女学堂之设,堂内董事皆以妇人为之,条理详密,法制良善"而特修书一封,向女学堂的女董事们表达钦慕之情,并托女婿、康有为弟子龙泽厚带去捐款,共襄盛举①。更有来自山东的张静仪女士,有感于报刊中女学事业蒸蒸日上,托人递交履历与诗稿,申请中国女学堂的教习一职②。

报刊不仅帮助组织和筹建女学堂,还为女学堂招来第一批女校学生。1898 年 5 月 15 日,距中国女学堂正式开学之期半个月,具有招生广告性质的《中国女学会告白》开始在《新闻报》上刊出,一直延续到 6 月 2 日。为进一步提高报名者的兴趣,6 月 4 日以后,经元善抄送《女学堂闺秀诗钞》并交由《新闻报》代为发表。其中有中学兼绘事教习丁素清、中学兼绘事教习蒋兰、内董事章兰等人的诗作,反复咏赞女性参与创造历史的自觉意识。报刊将中国女学堂中才女荟萃、同参盛事的场景公之于众,

---

① 经元善.女学堂内董事接桂林魏恭人书[M].中国女学集议初编,1898.
② 女学堂接友人书并闺秀诗[N].新闻报,1898-01-29.

女性读者可借此公共空间彼此联吟,与女学堂诸位同人唱和。例如,"云间女士秀珍"在"抛针清夜学涂鸦"之际,"闲看新报惊佳句","频读新诗到夜深",由此生发出"同调天涯"的感慨,盼望"绛帏何日识荆州"①。

中国女学堂开塾时学生仅 20 人,但经过同人们奔走联络和报刊一再报道,规模不断扩大,开办后不到半年即开设了分塾。据《万国公报》1899 年 6 月的统计,"凡住塾及报名而将到者,都七十余人"②。更关键的是,女学生不只是旅居沪上的闺秀们。经元善记载,至 1899 年中国女学堂声名鹊起,"远方童女,亦愿担簦负笈而来"③。凭借报刊无远弗届的影响力,女校生源不断。其后创办的女校,如 1902 年的务本女塾和爱国女校,均仿照此种方法,无一不借助报刊来吸引生源。

女学校在中国古代曾以家塾、闺塾的形式出现,这也是很多关于女学的论说中宣扬"恢复古制"的原因。从近代女学生群体的关系网络及其性质来看,近代女学校和传统家塾有着本质上的区别。基于家塾而形成的学缘关系实际上与血缘关系高度重合,有一定财力的大家族会组织家中女童,延请闺塾师居家教导。近代女校设于城中,要求学生离家入校就读。近代报刊的介入使女学校的招生完全公开化、公共化,女校生源来自不同家庭,甚至不同城市,同学们大部分是素不相识者。因此,晚清上海女学校的学缘关系中已经基本看不见血缘和亲缘关系的影子,而是基于陌生人交往形成的具有现代公共关系性质的社会网络。

---

① 因读女学堂诸女士诗率成四绝[N].新闻报(附张),1898-07-04.
② 上海创设中国女学堂记[J].万国公报(125 册),1899(6).
③ 虞和平.经元善集[M].上海:华中师范大学出版社,1988:233.

基于学缘关系网络的晚清第一个女性社会组织——中国女学会的成立和运作更是得益于报刊的"结群之效"。在《女学报》创刊时所刊登的《〈女学报〉缘起》中,潘璇陈述了办报的目的:"那女学会内的消息、女学堂内的章程,与关系女学会、女学堂的一切情形,有了《女学报》,可以淋淋漓漓的写在那里……"除了传递女学堂消息,女学报的创刊声明中明确提到了《女学报》是作为女学会的联络机关而创立的。潘文中更是做了一个生动的比喻:"这女学会、女学堂、《女学报》三春[桩]事情,好比一株果树:女学会是个根本,女学堂是个果子,《女学报》是个叶,是朵花。"①三者同气连枝,彼此间的关系也梳理得十分清楚:办报不仅是为了传事,更是为了结群办会。

19世纪末,"合群"概念最先由严复提出。严复在翻译《天演论》的过程中,接受了社会有机体的思想,为保证有机体的运转,唯有合众人之力,求整体生存②。梁启超是晚清"合群"思想的集大成者。根据张灏的研究,梁启超"群"的观念有三个层次,即整合问题、政治参与问题和政治共同体问题,以区别于传统的"仁"学,更加强调"从儒家道德社会的文化理想,转向一个正在形成的国家共同体观念"③。基于这样的理念,康有为、梁启超等对于报刊在国家机体中的功能有着明确的设想。如康有为所言:

---

① 潘璇.上海《女学报》缘起[J].女学报,1898(2).
② Wang Fan-shen. "Evolving Prescription for Social Life in the Late Qing and Early Republic: From Qunxue to Society"//Joshua A. Fogel and Peter G. Zarrow. Imagining the People: Chinese Intellectuals and the Concept of Citizenship, 1890-1920 [M]. New York: M. E. Sharpe, 1997.
③ Hao Chang. Liang Ch'i-ch'ao and Intellectual Transition in China, 1890-1907 [M]. Cambridge: Harvard University Press, 1971: 95-100.

中国风气,向来散漫,士夫戒于明世社会之禁,不敢相聚讲求,故转移极难。思开风气,开知识,非合大群不可,且必合大群而后力厚也。合群非开会不可……陈次亮谓办事有先后,当以报先通耳目,而后可举会。①

在中国第一批现代报人的眼中,办报、"通耳目"有助于开会结群,以形成梁启超所说的政治共同体,改变中国士人阶层"向来散漫"的风气。事实上,这种设想恰与报刊的特质相符:勾连关系网络,建构集体想象。正如阿历克西·德·托克维尔(Alexis de Tocqueville)所说:"因为每个人都微不足道,分散于各地,互不认识,不知道到哪里去找志同道合者。""有了报纸,就使他们当中的每个可以知道他人在同一时期,但却是分别地产生的想法和感受。于是,大家马上便会驱向这一曙光,而长期以来一直在黑暗中寻找的彼此不知对方在何处的志同道合者,也终于会合而团结在一起了。"②于是,报刊周围迅速聚集起一个个共同体,当然不是安德森式的民族共同体③,而是以报刊为据点辐射展开的政

---

① 康南海自编年谱//中国史学会.中国近代史资料丛刊·戊戌变法:第四册[M].上海:神州国光社,1953:15.
② 托克维尔.论美国的民主:下卷[M].董果良,译.北京:商务印书馆,2003:641-642.
③ 本尼迪克特·安德森(Benedict Anderson)在《想象的共同体:民族主义的起源与散布》中探讨了民族主义在全世界范围内兴起的历史条件和具体过程。他提出"民族——它是被想象为本质上有限的,同时也享有主权的共同体",民族共同体形成过程的关键词是"想象",民族和民族主义作为一种文化的人造物,是一个被想象成享有主权且边界有限的共同体。同时,现代印刷术是凝聚民族想象共同体的必要技术手段。正是经由报刊等现代印刷媒介,人们才有可能同步感知远在千里之外的他人,并将自己想象成庞大共同体中的一员,从而产生一种相互连接的意象。此后,不少学者在安德森的"共同体"概念基础上不断拓展,认为除了民族共同体,报刊在区域、地方、城市等不同类型的共同想象中都发挥关键作用。

治交往共同体。在办报结群的理念下,《女学报》及上海其他报刊成为维持中国女学会运转的中枢。

第一,女学堂和学会的章程与告白均通过报刊得以昭示天下,报刊成为展示学会与学堂新闻、联络成员关系的重要中介。《时务报》刊登的《中国女学拟增设报馆告白》,《警钟日报》刊登的《宗孟女学堂新章程》《上海宗孟女学堂之特色》,《俄事警闻》刊登的《对俄同志女会广告》等,也有类似的作用。正如《神州日报》刊登的《女国民拒款公会公启》所言,"奉劝全国女同胞,快来快来快快来入会罢"①。理念和呼吁经由报刊,跨越地域抵达更多志同道合的女性。女学会的影响力就在这样的鼓与呼中逐渐向外扩展。

第二,女学会和女学堂的重大事件也通过报刊引起了社会公众的注意,甚至效仿。《苏报》在报道拒俄运动中召开的张园集会时,特别报道了十余岁女学生薛锦琴的慷慨陈说。这是记录在案的中国女性第一次在公众集会上发表演讲②。经由报刊的渲染,便成为拒俄运动中的重要媒介事件。同时,专为拒俄运动而办的《俄事警闻》多次刊登社会征文《告全国女子》,号召全国女学生施行国家救亡行动。除此之外,还有《申报》刊登的《家政会纪事》《纪沪南家政会》等报道、《女子世界》的《争约警闻》等。女学会和女学堂通过这些报刊通报了其重要事务,不仅是一种公共记录,而且将其所言所行达至更广泛的大众,在一定程度上起到教化和示范的作用。报刊成为女学群体公共实践

---

① 女国民拒款公会公启[N].神州日报,1907-11-09.
② 张园集议[N].苏报,1903-05-01.

的延伸空间。

第三,对于女学关系网络的维持和运作而言,线下定期的集会固然重要,但其实践成本较高,周期不固定,因而也有赖于报刊来实现一定的组织功能。除了上文提到的通过报刊来招揽同好、壮大女学组织,报刊跨地域、定期化的传播形态特征也利于搭建女学组织内的"想象的共同体",可以在更广的活动场域和实践空间中进行组织的搭建和管理工作。《女学报》各期报端所列"本报主笔"达到 30 余人,这些主笔也是女学会的核心成员。考察她们的地域归属可以发现,这些女主笔们来自上海、晋安、金匮、番禺、明州、上虞、武进、诸暨、京兆、曲阜、蜀东等不同地区①。虽然在这些名义上的主笔中,真正操刀撰文者仅少数几人,但《女学报》突出女性主笔的目的,在很大程度上就是要呈现一个影响远远超出一时一地的"女性共同体"。在拒俄运动中,1904 年《俄事警闻》刊登了《慷慨寄书》一文,报道曾经在女校读书的福建女士郑锦湘给上海女同学写信,表达了捐躯报国的强烈意愿②。后来,该报跟进了对俄女同志会的成立,公告了"先办之事五条",福建郑女士还成为总议长之一。"女国民拒款公会"的创办启事在《神州日报》上刊登,启事上联名的女性来自山阴、鄞县、上海、华亭、长洲、吴县、元和等地③。这种通过报刊特别强调籍贯的跨区域性,也可以起到示范的作用。另外,在拒俄运动后期,为了保护受迫害的组织成员,对俄同志女会在《警钟日报》上更名为"慈航社",并公告:"凡志士遭卖国、

---

① 本报主笔[J].女学报,1898(1、8).
② 慷慨寄书[N].俄事警闻,1904-01-20.
③ 女国民拒款公会公启[N].神州日报,1907-11-09.

误国诸贼陷害,有性命出入者,可速向本社述明,本社必为之设法保护。或送往外洋,或寄匿密友处,务使其脱离苦海,竟登彼岸而后已。"①通过报刊的公开宣言,可以解决组织线下信息流转不及时的问题,也可以为本团体壮大声势、争取舆论。报刊成为女学团体实现其救国目标的重要工具。

与上海地区其他女性群体相比,女学群体明显呈现出罗伯特·帕克所说的"次级群体"的特征。这批跨越地域和血缘而聚集于学堂的女同学们,曾经是陌生人,却在晚清集结成联动最广、认同度最高、影响力最大的女性群体。其中,报刊的中介作用是不能忽视的。作为晚清最接近报刊资源的女性,女学群体在团体组织和公共实践方面显示出对报刊的主动利用,甚至是依赖。而报刊沟通中外、开会结群的天然特性,又在这个过程中不断增加群体黏性,并吸引更多志同道合者进入女学相关的关系网络,由此凝结成一股不容小觑的女性力量,开始对传统的性别关系,甚至对社会格局形成挑战。

二、作为关键词的"女界":女性公共书写中的集体认同

19世纪末20世纪初是女性群体性公共实践的高峰期。由同事、同乡或同学组成的小群体,在不同的领域展示女性群体的影响力。同时,"女界"这个新名词开始作为关键词,在呼吁女

---

① 本社特别广告[N].警钟日报,1904-04-18.

性参与公共实践的言说中频频出现。

"女界"在1903年首见于陈撷芬创办的《女学报》。自1903年2月27日起,《女学报》的"新闻"栏目改名为"女界近史",多收录有关女学消息、中外女权论说和废缠足运动等新闻,一直持续到该刊发行的最后一期。在其后几十年中,随着《女子世界》《妇女时报》《中国新女界杂志》等女性刊物的兴盛,来自女性的言说开始进入公共论域,"女界"一词频繁出现在刊名、小说名和大量报刊文章与题目中。

白露(Tani Barlow)指出,对女性新名词的探讨是一项非常有意义的尝试。"它不仅使我们深入某一历史时期具体的物质环境中,还可反思女性命名的过程如何成为历史之建构而非自然之形成。"①"女界"作为晚清妇女解放运动中出现的一个集体性名词,蕴含着有关女性主体建构和身份认同的历史化过程,有时还会与女子世界、女子社会、妇女社会、妇女界、女子等词混用。对这个名词意涵和使用语境的考察,就是试图还原晚清女性对于自身所属性别群体的"共同体想象"的过程,即女人是在什么样的理由之下来接受"我们女人"这个共同体陈述的,从而形成认同。

根据秦方对女界相关表述的整理,晚清女性言说中的女界意涵主要有三个面向。

首先,"女界"一词指向一种以单一性别为基础的"类别性身份"②。"女"在传统文化体系中是一种关系性身份。据白露的研究,至少在19世纪以前,中国并没有以性别来界定的"女"

---

① Tani E. Barlow. The Question of Women in Chinese Feminism[M]. Durham: Duke University Press, 2004: 15.
② 秦方.新词汇、新世界:清末民初"女界"一词探析[J].清史研究,2014(4).

的概念,只有为女、为妻、为母这样的家庭角色①。同时,在中国阶序格局中,"女"与"男"是一对互补、互生之词,"有别"即有上下区分②。但在"女界"的表述中,儒家伦理规范中的这种关系性身份开始松动、受到挑战,甚至被推翻,逐渐形成约翰·菲茨杰拉德(John Fitzgerald)所说的"类别性身份"(categorical identity),即在平等的分类体系下,强调某个类别的所有成员均被赋予此类别的某种特质③。

"男界"一词在"女界"的界定过程中起到了关键作用。"男界"一词的出现略晚于"女界"。1904年,秋瑾在《白话报》上发表《敬告中国二万万女同胞》,将"女界"定义为与"男界"并列的"二万万妇女"群体。在1907年创刊的《中国新女界杂志》上,主笔炼石在《发刊词》中做出类似的表述:"国于地球之上,无论疆域之大小,人口之多寡,其女界恒居全国民数之半,此常例也。使其女界黑暗,则虽男界开明,亦只得谓半开化国,而况女界黑暗者,其男界必无独能开明之理。"④对女界而言,"二万万妇女"这个表述意义重大,它强调女性群体的整体感。尽管二万万女性在社会进化论的话语中多以负面

---

① Tani E. Barlow. "Theorizing Woman: Funü, Guojia, Jiating"//Angela Zito, Tani E. Barlow. Body, Subject and Power in China[M]. Chicago: University of Chicago Press, 1994: 255-261.
② 刘人鹏.近代中国女权论述:国族、翻译与性别政治[M].台北:学生书局,2000: 1-72.
③ John Fitzgerald. "Equality, Modernity, and Gender in Chinese Nationalism"//Doris Croissant, Catherine Yeh and Joshua S. Mostow. Performing "Nation": Gender Politics in Literature, Theatre, and the Visual Arts of China and Japan, 1880-1940[M]. Leiden: Brill, 2008: 37-38.
④ 炼石.发刊词[J].中国新女界杂志,1907(1).

第五章　女界初现：晚清女性的公共书写与群体行动

形象出现,但是它表明,至少就数量而言,这是一股既具颠覆性又具创造性的群体力量。这也是女性言说将女界与男界并列而论的底气,至少在群体力量方面,女界不逊于男界,完全有与男界平等的理由。

实际上,"二万万妇女"表述并不是女性报刊的首创。在传教士报刊和维新报刊中,"二万万妇女"曾经是男性知识分子将中国女性"问题化"所使用的策略之一。例如,张之洞以此来论证废缠足的合法性:"吾不惟伤此中华二万万妇女,废为闲民僇民也,吾甚惧中华四万万之种族,从此尪瑣疲薾以至于澌灭也。"[①]这种论述虽然多以否定论述的方式强调二万万人口的无用和累赘,以此合理化启蒙女性的必要性,但为报刊的女性读者提供了一种单一性别的群体想象的凭据。在女性自身的"女界"书写中,很多女性打破了被束缚于闺阁时那种孤立的心理和语言模式,在文中多运用"我们自己姊妹们"[②]"我同胞诸姊妹"[③]等词语,以一种"亲和的呼告式语法……以同性相亲的话语"[④],试图建立起一个强调普遍姐妹情感的同质化女性世界。虽然女性的群体想象中也无意识地表露出自我否定和自我批评,但积极的一面在于,过去女性在传统文化体系中必须依赖男性才能获得的关系性身份,在这种群体想象中转化为一种与男性并列的、平等的类别性身份。

---

① 麦仲华.皇朝经世文新编//沈云龙.近代中国史料丛刊:第771册第17卷[M].台北:文海出版社,1979:10.
② 炼石.本报五大主义演说[J].中国新女界杂志,1907(2).
③ 秋瑾.发刊辞[J].中国女报,1907(2).
④ 罗秀美.从闺阁女诗人到公共启蒙者:以近代女性报刊中的论说文为主要视域[J].兴大中文学报,2007(22).

其次,女界以国家政治为依据进行自我赋权①。女界与男界的平等资格,不仅来自群体数量,更重要的是,女界与男界有同样的价值。正如秋瑾在《敬告中国二万万女同胞》中所呼吁的,女性想要争取平等地位,不仅要独立,摆脱传统的依附人格,最重要的是"尽与男子一样的义务"②。这里的义务特指政治义务。女界和男界的并立是在国家民族主义的框架内、在政治层面的一种关系。在1905年遍及全国的抵制美货运动中,蒋凤梧女士在公开演讲中指出,女界"今与男界平等,四万万同胞,女居其半,抵制美货,女界自当一律共表同情、不用美货"③。务本女塾学生张昭汉在《女子世界》上发表的《争约劝告辞》中也提到女界之责任:"美货为我女子所主持购用者几居大部分……(女子应)广结团体,坚持不购美货主义,各竭血诚,遍发传单,劝化内地女界,家喻户晓,庶几一律实行,俾男女同心,通国一致。"④在1907年的保路运动中,上海民立女中学发起女界保路会,提出"欲拒外款,莫如先集内款"的方案和"此男子应尽之义务,亦即为女子应尽之义务"的口号⑤。聚秀女学堂学生姚幽兰、胡晓秋等受到上海女界的影响,也集议发起安徽女界保存路矿会⑥。

---

① 秦方.新词汇、新世界:清末民初"女界"一词探析[J].清史研究,2014(4).
② 秋瑾.敬告中国二万万妇女同胞//李又宁,张玉法.近代中国女权运动史料:下册[M].台北:龙文出版社股份有限公司,1995:423-424.
③ 汇录各埠女士筹拒美禁华工约[J].申报,1905-07-19.
④ 务本女塾学生张昭汉.争约劝告辞[J].女子世界,1905(2).
⑤ 女界保路会传单[N].神州日报,1907-11-04.
⑥ 安徽女界保存路矿会启[N].神州日报,1907-12-17.

第五章 女界初现:晚清女性的公共书写与群体行动

在这一时期,"女界"一词的使用语境几乎都与关乎民族国家命运的政治运动有关,并且女界总是被号召以男界为标杆,承担国民义务,尽国民责任。"女界"是在民族国家这个明确框架下的群体想象。同样,女界的自我赋权也来自女性群体在国族建设过程中所承担的责任和义务。这不仅是女界获得与男界平等资格的前提条件,更是女界形成集体认同的重要的,甚至是唯一的依据。正如丁初我在《妇女社会之对付华工禁约》一文中以女性的口吻所做的展望:"我女子乃位于国民半部分中,而以女权之弱著于世。民权张矣,女权顾不得复?乘彼潮流,联合大群,一鼓而获之,是在对付禁约之好机会。"①更明确地说,女界成员先必须是承担政治义务的女国民,而非单纯的性别意义上的女人。

最后,女界发展以西方文明为最终目标②。关于女界的想象还有一个西方参照系——以进化论为标准,以欧美女界为标杆。"今试统观全世界诸国,其女界之程度,彼此各殊,而权利之强弱,亦不相等。然但就积极的与消极的两方面论之,则近世女权之最发达者,当以北美合众诸州为最;女权之最不发达者,则以吾中国为最。"③日本女界在吸取欧美女界的成功经验之后,最终跻身文明之列,便是最好的例证。"当维新以前,他国内女界,除了未曾缠足算是好的,其余黑暗情形,较之中国,还甚几倍呢。他进步极速的原故,皆由于数十年前,一般人士,游学欧美,观其女界开明的景况,与社会上一派文明的现象,回头来,

---

① 妇女社会之对付华工禁约[J].女子世界,1905(14).
② 秦方.新词汇、新世界:清末民初"女界"一词探析[J].清史研究,2014(4).
③ 炼石.女权平议[J].中国新女界杂志,1907(1).

又想想本国女界,才恍然大悟,知道女界万不可无学,女学是与国家有绝大关系的。"①

这种以西方为参照系的"女界想象",实际上与19世纪中期以来传教士报刊引入的"中西之别"的视野密切相关。除了对比中西女界的现状,传教士报刊为论证改造中国妇女的可能性,指出西方女性也经历了一个从愚昧到启蒙的过程,以此为类比。但是,当中国女界将自身之将来投射于西方女界时,往往会忽略西方妇女解放的具体历史语境,认为借由同质性的性别基础,这种进步经验是可以跨越国家界限直接进行移植的。"自欧化东渐,奔腾澎湃,涌人权天赋、男女平等之潮,而而至后,我女界始一扫向日之阴霾毒障,而渐进于人类应享应历之区域,遂一时女校林立,女学大兴,蓬蓬勃勃,生气顿增。"②按照进步史观来论,这种传递只会越来越好,最后以超越起点而告终,"吾中国二十世纪后之女界,为超越欧美、龙飞凤舞一绝大异彩之时代"③。

综上,"女界"不仅是以女性这个单一性别为基础的集体认同,其内涵要比宽泛的性别共同体具体得多。女界试图建构的是一种与男界平等并立的类别性身份,而合理化男女平等的理由并不是天赋人权理论推演而来的自然权利,而是通过将女界纳入民族国家框架,以承担义务和责任的方式来论证男女平等的合理性。而且,女界的建构明显受到欧美女界书写的影响,且以欧美女界的经验来论证女学是女界发达的

---

① 炼石.本报五大主义演说[J].中国新女界杂志,1907(3).
② 社英.女子宜注重国文论[J].神州女报,1913(2).
③ 楚南女子.中国女子之前途[J].女学报,1903(4).

必由之路。由此看来,晚清女性言说中的女界,是以女学关系为基础,以承担政治义务的方式自我赋权,以谋求在国家中之平等地位为目的的。

秦方认为,作为一种共同体想象,这样清晰而具体的女界凸显了女性公共实践在国家政治层面的意义,但也会遮蔽其他面向。笔者十分认同这一观点。

首先,当女性以女界为单位参与社会或政治运动时,似乎没有人质疑其正当性;但当女界开始诉求自身权益时,这种同样正当的诉求却不被社会重视,甚至会遭到污名化。女学界在抵制美货、保路运动等与国家利益相关运动中的积极表现,在报刊中受到普遍褒扬和极力放大;相反,女工群体以讨薪、同工同酬为诉求的罢工活动,却经常被报刊描述为喧哗吵闹、滋扰不休的闹剧。会审公廨等司法部门对于女工的讨薪诉求,常常以"谕令退去,候查明讯理"等方式敷衍判决,以"消弭女工闹事"[①]。这样的女界建构偏重义务,而没有给女性权利留出足够的空间,其集体认同的基础并不单纯是"女"这个性别及其相关的个体权利,女界所能争取的正当权利,与其说是女权,不如说是国权。

其次,尽管"二万万妇女"这样的表述是群体力量的昭示,但这种整体感使小部分女性的"问题"转化为一种无差别的存在,即像缠足、女子不事生产等缺陷,准确来说仅仅是晚清上流社会女性的问题,但"二万万妇女"的想象将少部分人的问题普遍化。如此,其背后的国家、族群、社会阶层、家庭背景、地域甚

---

① 丝厂女工聚众控告[N].申报,1908-03-27.

或年龄、代际差别,被轻易地一笔抹去。

三、报刊的接近权与女界的权力等级

笔者认为,作为关键词的"女界"不能囊括晚清女性群体实践和共同体认同的真实状况,但并不是说这种想象是一种捏造或虚假,"区分不同共同体的基础,并非他们的虚假/真实性,而是他们被想象的方式"①。"谁在想象""想象什么"决定了共同体的样貌②。晚清公共言说领域中被认为凝聚了女性共同体想象的"女界"一词,仅仅是这一时期精英女性试图自我言说并由此建构起现代身份的一种投射,即一群由传统闺阁文化孕育的精英女性,借助现代传播技术,通过办报、写作和结社等方式,试图建构新的两性关系,并在民族国家的框架下(而非家庭生活中)寻求女性定位。

本尼迪克特·安德森在论述"民族的共同体"时,特别关注报刊这种印刷媒介的作用。报刊在"女界"想象的形成过程中同样关键。虽然女性议题在晚清的政论报刊和综合报刊中占据一定的言说空间,但这类报刊假想的读者群是一个没有性别指向的群体,甚至可以说,他们没有将女性视为潜在读者。事实上,这种"论说女性议题但并不预设女性为读者"的

---

① 本尼迪克特·安德森.想象的共同体:民族主义的起源与散布[M].吴叡人,译.上海:上海人民出版社,2003.
② 周怡靓."大上海计划"中城市共同体想象的报刊建构——以《申报》为中心的考察[J].新闻大学,2019(6).

做法,应该说是当时综合性报刊的一贯风格①,更不用说为女性预留言说空间了。对于由男性把持的话语格局而言,女报的出现毫无疑问是一种突破。根据夏晓虹的统计,晚清的女报中一半以上是由男性主编。不过,由于晚清女报已经开始明确地将女性纳入目标读者的范畴,报刊编排上往往给女性留下了一定的言说空间。虽然过去的精英阶层女性也有机会利用家族的文化资源写诗作文,但报刊的介入使得女性的言说方式发生了质变:对比女界书写与传统女性文体(如诗文、弹词等)可以看出,传统女性文体总是或明或暗地隐藏着一种女性对于闺阁文学创作的孤芳自赏,即使是以诗词、艺术、书信等为纽带形成的女性社群,也多是侧重社群内部成员之间的交相往来,是一种向内的对话形式。而在近代报刊中的女界书写中,很多女性主动打破原先那种内敛的心理、文化和语言模式,建立了一个单一性别的、强调普遍姊妹情谊的同质化女性世界。报刊所独有的同时性、同步性正是建构这种想象性关系的基础。

然而,我们不能说晚清女报建构的是一个女性大同世界,事实证明并非如此,因为报刊中能够为公众所熟知、被后世研究者作为史料的"女界想象"仅仅来自小部分精英女性。报刊不能决定"谁在想象"或"想象什么",却决定了"谁的想象"能够进入公共领域。报刊更像一盏聚光灯,突出焦点,造就可见。小部

---

① Barbara Mittler. A Newspaper for China? Power, Identity, and Change in Shanghai's News Media, 1872-1912[M]. Cambridge: Harvard University Asia Center, 2004: 284.

分精英女性的想象和期待正是通过报刊的"赋权",成为公众感受这个性别共同体的重要参照系。

报刊不仅是一种作为"发声渠道"的物质实体。在雷吉斯·德布雷(Régis Debray)看来,媒介是"组织化的材料"和"物质化的组织"的结合体,"组织化的材料"指包括报刊在内的"传播的机器","物质化的组织"则指学校、教会等制度化的组织或机构。两者的整合互动显示出传播情境中的媒介形态①。从这个角度来说,晚清女报-女学堂-女学会"三位一体"的模式并不是一种偶然。如前所述,女报的国家视野决定了它的目标读者主要是女校师生,而晚清多数女报也自觉承担了女学堂教材的角色;女学堂则是女报内容的信息来源,更重要的是,很多女报都直接将女学堂作为女报编辑、印刷等日常运营的场所,以文字为主要组织形式的女报也迫切需要女校师生们作为内容生产者。师生们借助报刊互通消息,组织行动,维持女学会运转。离开女报,女学堂和女学会无法顺利地沟通、筹款和组织;离开女学堂和女学会,女报的出版无法维持。女报与女学群体形成相互依赖的共生关系。第一批创办女报的女性们,如康有为的女儿康同薇、陈季同的弟媳薛绍徽、陈范的女儿陈撷芬、刘师培的妻子何震,不仅出身精英家庭,更重要的是,她们本身就处于报人群体的关系网络中。也正是因为这样的契机,她们成为最接近报刊这个新媒介的女性。女报的创办和维持也在一定程度上依赖当时的主流政论报刊及其背后的报人群体。

---

① 雷吉斯·德布雷.媒介学引论[M].刘文玲,译.北京:中国传媒大学出版社,2014:29.

第五章 女界初现：晚清女性的公共书写与群体行动

如果将"物质化的组织"这个要素纳入研究，那么报刊在当时的情形下是一种稀缺的文化资源。作为"组织化材料"的女报，离不开其背后的"物质化的组织"，包括报刊运作的物理空间、由女校师生们构成的信息生产者组织，以及与其他政论报刊的互动所形成的信息网络和发行网络。这种相互依赖的关系构成了一个并非完全开放的圈层，而处于女报圈层中的精英女性，相比娼妓、女工、女佣等群体，拥有对报刊的优先接近权。报刊，特别是女报，赋予了部分来自精英阶层的女性书写权和发言权。这些女性倾向于以自身的境况为出发点来想象和建构女界，并通过报刊的可见性使自身的视野普遍化。

这些"极少数"的女性，基于自身教育和所处的社会圈层，相比其他女性，在媒介物质资源的接触和使用上更具优先权。她们通过办报、撰文等方式代表女界发声，并且认为自己有权利和责任代表并启蒙余下的数万万同胞。"我读书明理之女学界者，以我全国女子计之，乃极少数之凤毛麟角。他人弗学而吾独然，夫岂天之宠厚？盖亦责任所寄在是矣。数千年之积习，数万万同胞之沉睡，胥赖今日稍明公理、稍知物竞之少数人以铲除之、扶济之，其责任顾不重哉？"①当少数人的诉求与理想经由报刊无限放大时，女界内部逐渐形成了"启蒙与被启蒙"的等级关系②。这种"代表政治"正是近代以来当类别性身份开始形成时具有的特色，即在某个类别中，一些具有优势的个体认为自己代表整个类别的利益，他/她们不仅有责任促使该类别中每个个体

---

① 季威.告读书明理之女子[J].神州女报，1913（1）.
② 胡晓真.新理想、旧体例与不可思议社会：清末民初上海"传统派"文人与闺秀作家的转型现象[M].台北："中研院"文哲所，2010：171-201.

都认识到这个类别的利益,而且可以代表整个类别发声①。因此,依赖报刊建构的晚清女界远非大同,报刊其实在女界内部制造并掩盖了新的权力等级关系。

---

① John Fitzgerald. "Equality, Modernity, and Gender in Chinese Nationalism"// Doris Croissant, Catherine Yeh and Joshua S. Mostow. Performing "Nation": Gender Politics in Literature, Theatre, and the Visual Arts of China and Japan, 1880-1940[M]. Leiden: Brill, 2008: 46.

第六章
结　语

在中国女性生活的历史长河中,晚清是一个承前启后的阶段。这一时期女性的生存状态既有传统社会的道德文化烙印,又出现了各种突破性的实践和尝试,预示着现代女性的发展方向。这种过渡性特征,在一定意义上可以说是近代中国在总体上作为一种过渡形态社会的写照。

晚清中国女性经历的变化,最为直观的描述就是从"幽闭"到"出走":中国女性深居闺阁的社会事实和道德意义自晚清开始被完全否定,取而代之的是一种强调自由、释放的现代女性气质和道德规范。由此,一种幽闭与释放、困顿与解放的二元对立的文化意象逐渐形成,并对女性的思维方式和生命实践产生了深远的影响。从对家庭的否定,到对学校、社会的向往,近代女性开始通过打破困顿、走向解放来获取身份认同和性别意义[①]。迈出闺阁走向社会,这一步既艰难又精彩。

---

① 秦方.从幽闭到出走——清末民初女性困顿-解放话语形成及实践[J].妇女研究论丛,2017(4).

引起社会科学领域浓厚兴趣的,不仅是"出走"这一社会事实,还有促使二万万中国女性集体迈出这划时代一步的契机和动力。发端于17世纪中叶的工业革命裹挟着资本主义文明迅速席卷全球,自此,任何城市、地区或国家的发展,最终都绕不开外部因素的介入。在随着入侵者涌入国门的各种因素中,流动的资本、新兴的技术和以自由主义为主要标志的政治文化思想资源搅动了传统中国社会格局,有关它们进一步对中国女性生存状态的启蒙和影响已有大量的讨论和考察。

在相关研究中,报刊作为一种启蒙和教育的利器,在妇女解放进程中发挥的作用受到社会史、文化史、新闻史等诸多领域的共同关注。一方面,报刊几乎无所不包的媒介特性使其成为无可挑剔的丰富史料库;另一方面,晚清报刊中大量反映妇女解放的境况的内容,如传播妇女解放观念、启蒙女性心智、引领女性解放风潮等,正是报刊在晚清妇女解放过程中之功用的体现——思想传播和社会动员。报刊的重要性不言而喻,对于妇女解放的思想和观念而言,报刊确实是更为民主和高效的载体。实际上,报刊的功用远不止于此。

报刊作为西皮尔·克莱默尔所说的"装置的技术",是"一种我们用来生产人工世界的装置。它开启了我们的新的经验和实践的方式,而没有这个装置,这个世界对我们来说是不可通达的"①。具体而言,报刊建构了一个舒茨所说的"共同世界",并使人们共享关于这个世界的基本理解。报刊让人们可以对置身

---

① 西皮尔·克莱默尔.传媒、计算机、实在性:真实性表象和新传媒[M].孙和平,译.北京:中国社会科学出版社,2008:76-78.

遥远场所的人和事做出反应,并由此获得全新的感知和有关经验的时空参数,重新确认了自己与社会的相对位置,创造出不同于面对面的全新的互动关系和行动模式,以及基于此的集体想象。报刊确实是作为一种启蒙工具被推向了女性群体,女性群体也因报刊中出现与自身相关的议题而开始注意和接近报刊。除了新知识的传递,报刊在介入女性生活及整个晚清社会的过程中,也必然引入一种新的尺度。随之发生的女性在自我认知、行动模式及身处其中的社会关系、权利秩序等层面的深刻变革,正是报刊之于晚清妇女解放更为重要的功用和价值。

如杰克·西门斯(Jack Simmons)所言:"要理解不同于我们时代的人们的生活和日常行为,对于为其服务的科技的考量是不可或缺的,因为它们本身在很多方面形塑了生活的真正结构。"①然而,作为社会变革的重要部分,女性群体的生存状况却长期被技术史及与技术相关的研究忽视。白馥兰认为,"历史性地看,每一种技术都揭示了阐明全面历史进程不同维度的变化,性别角色和社会等级据此重新定义,使社会秩序得以调整以适于环境变化的压力"②。本书聚焦晚清这一转型时期的新传播技术——报刊,试图探讨它如何介入并形塑了晚清女性的日常生活实践及新的社会结构,在技术/媒介史的路径下考察晚清女性生活的转型。

区别于报刊作为思想载体和传播管道的"反映论",报刊作

---

① 白馥兰.技术与性别:晚期帝制中国的权力经纬[M].江湄,邓京力,译.南京:江苏人民出版社,2006:1.
② 白馥兰.技术与性别:晚期帝制中国的权力经纬[M].江湄,邓京力,译.南京:江苏人民出版社,2006:13.

为一种"传播技术",是本书的基本视野。技术作为社会变革的动力因素之一,其重要性不应被低估。正如笔者在第一章讨论的,对于技术不应仅仅与它的"使用"或"使用者"有关,技术本身对人有一种不可避免的规定性,"科技所做的最重要的工作就是生产人自身:制作者被制作所形塑,应用者被应用所形塑"①。在人与媒介的关系上,不仅仅是使用与被使用,还有相互介入、生成和改变。从这个意义上来说,"技术所承担的最重要的工作便是产出人以及构建人与人之间的关系"②。正如格奥尔格·齐美尔(Georg Simmel)所言,社会正存在于人与人的关系之中,在社会生活中占主导地位的技术,对于社会形态及个体的社会化影响是深刻而长远的。

晚清女性从"幽闭"到"出走"的过程主要体现为四个阶段,本书用四个章节具体呈现了四个阶段及其具体过程:女性在话语领域的现身,女性在空间意义上的现身,新的女性社会角色的涌现及其合法性建构,女性的公共实践及基于此的全新交往关系。这四个阶段均与当时的报刊实践密切相关,也存在一定的因果关系。需要说明的是,这四个阶段或许不能完全涵盖妇女解放的所有面向,并且笔者并不认为报刊实践对于晚清妇女解放具有所谓"根本性的"决定作用,但这一传播技术对晚清女性生存状态的影响绝不亚于经济、政治或文化等力量带来的影响。同时,在这一过程中,技术因素总是与其他因素纠缠在一起,建

---

① 白馥兰.技术与性别:晚期帝制中国的权力经纬[M].江湄,邓京力,译.南京:江苏人民出版社,2006:13-14.

② 白馥兰.技术、性别、历史:重新审视帝制中国的大转型[M].吴秀杰,白岚玲,译.南京:江苏人民出版社,2017:6-7.

构社会面貌、推动发展进程。

第一阶段是传统中国女性在话语领域的现身——"男不言内,女不言外"的道德规范被打破,女性在晚清成为政治话语领域的重要议题。报刊深度参与了这个过程,并造就了女性在政治言说领域的可见性。

传统中国女性在既有的社会文化系统内,不论是在肉身意义上还是话语意义上,她们都是隐匿的。直至近代,传教士报刊首先打破了这种禁忌,从"中西比较"的视角谈论妇女问题,西方女性而非中国男性成为中国女性的参照系,巧妙地绕开了男女位序的道德死结,打开了中国妇女问题被言说的大门。传教士报刊将中西女性并置一处呈现,两者间的差异无法再被回避和忽视。这种刺眼的差异逼迫近代先贤们必须从修齐治平的单一维度中挣脱出来,并直视女性。随后,第一批国人自办报刊,即维新报刊启动了中国男性知识分子关于女性问题的言说。

尽管传教士报刊与维新报刊都是在"中西之别"的尺度上谈论中国女性的,但不同之处在于,传教士报刊观察和叙述的着眼点是"中国女性",维新报刊的叙述着眼点则是"中国文明"。维新报刊在国族建构的层面寻求解放女性的合法性,并以"是否有益于民生国计"为标准重新定义女性价值。这一点尤其值得注意:将女性改造的议题组织进宏大的国族叙事,而不在身体经验的层面来论述改造必要性的做法,并非源于"康梁们"对女性生命体验的无视,而更多的是一种策略性选择,并且一定程度上与他们选择的言说场域,即报刊有关。正如白馥兰所言:"技术——无论是过去的还是当下的——是一个由对象、活动、知识和意义构成的网络",所以"技术是一个社会所特有的,是该社会关于世界的设想以及力争维护社会秩序的体现"①。报刊作为一种传播技术,其本身是"历史的",是一个生成性的概念。最早一批接触现代报刊的中国士人,是以中国传统政治文化而非西方自由主义为思想资源来理解并接受报刊的。因此,在他们眼中,"报为国口"是一种官方政治沟通渠道的延伸,目的是改善政治"壅塞"的弊病。因此,维新报刊的言说主要是向"国",向当政者。因此,选用用国族叙事来表述女性问题也就不难理解了。与其说这是一种策略,毋宁说只有在国族建构的层面获得意义,有关传统女性的问题才能在面向当政者言说的报刊版面上占据重要位置。

第二阶段是传统中国女性在空间意义上的现身——从内闱走向公共空间。在此过程中,报刊参与并推动了中国女性历史上第一次集体性空间移动大潮。女性议题进入公共论域已经是突破性的一步,但言说者主要是男性知识分子,女性在这个过程中依然处于被观察的客体位置。传统女性能感受到的最直接的自由,是从走出内闱开始的。本书以画报为例,讨论了报刊如何成为推动晚清上海女性从内闱走向公共空间的动力要素。

一方面,画报对女性的启发在于空间想象的拓展,即通过将女性从私密空间移植到公共空间的背景中,挑战了"内外之别"的传统道德规则。画报中的"新时空"勾起了中国女性冲出闺阁的强烈愿望,女性被置于开放的、随时间流动的"新场景"。与此同时,"女性的行动场景"在感知和实践的层面上开始由内

---

① 白馥兰.技术、性别、历史:重新审视帝制中国的大转型[M].吴秀杰,白岚玲,译.南京:江苏人民出版社,2017:6-7.

向外拓展。另一方面,画报中女性的姿态和行动已与传统社会认知中的女性有了很大差别。这些意象对人们头脑中的传统典型女性形象构成挑战,并逐渐演变成一种新的社会现实。以上这一切都与女性日常生活经验紧密关联,在审美与道德的层面上,而不仅仅是在政治层面上,成为推动女性从内闱走向公共空间的动力。画报并不在意女性的社会身份及女性进入公共场所的深刻意义,只是对女性的服饰妆容、体态身姿及男女交际的花边新闻十分注意。这些图像示范的恰恰是"日常生活",即生活方式和社会伦理的变迁。如果说政论报刊意图建构的是话语的公共领域,那么晚清画报则更接近桑内特所说的身体和审美的公共领域。

对于晚清妇女解放来说,画报的特殊意义是"在文化等级中给予图象与文字平等的地位"[1]。这一变革带来的结果是,识字阶层对现实世界的垄断性解释权被打破,画报的形态显示了出版商们想要迎合一个新的公众阅读群体的努力,尤其是女性。女性不再需要经由另一性别的启蒙,便有机会主动感知和理解闺阁之外、直接经验之外的世界。对于女性来说,这本身就是一种权力的获得。而且,画报通常背靠大报,随严肃报刊附赠,所以画报中也常有转载自大报的重要新闻或对大报新闻的图解和说明,只不过画报通常会转换视角,突出这些国家大事之于日常生活的意义。画报与严肃报刊的这种联系非常重要,它培养了女性群体一般的读报习惯,有关晚清画报在女性群体中流通程

---

[1] 鲁道夫·G.瓦格纳.进入全球想象图景:上海的《点石斋画报》[J].中国学术,2001(4).

度的研究可以佐证这一点,其结果是女性对正统报纸也产生了兴趣①。从这一点来看,画报就不仅是对严肃报刊的补充,更是女性进入现代信息网络,并由此卷入一种媒介化现实的重要节点。同时,画报也敏锐地捕捉到女性群体之于画报经营的商业意义。于是,女性生活实践和趣味偏好首次在报刊所表征的晚清帝国图景中占据一席之地,甚至变得日益重要。

第三阶段,原本幽闭于家庭空间的传统女性大量涌入公共空间,越来越多的女性开始寻求在城市中谋生立足的机会。在这一阶段,报刊建构了城市空间中新的女性角色及其合法性,并推动社会对一般女性角色在期待上的重要调整,参与了清末民初社会结构框架下对女性角色进行方向性规定的互动过程。本书着重论述了对女性社会角色建构产生重要影响的两类报刊——大众商业报刊和女报。

19世纪末,随着女性大量涌入城市空间,传统礼教对女性日常生活的约束日渐式微,相比同时期的其他城市,上海对于女性进入公共空间表现出较高的宽容度,并提供了较多的就业机会。女性空间的拓展也带来了女性角色的革命性变化。除了娱乐和消费,晚清时期的上海为女性提供了培养和习得全新社会角色的空间。同时,报刊也开始构建新场景下的新女性角色,有谋业自养的女性,如娼妓、女弹词、女佣与女工,也有接受教育的女性,如女学生。

随着新兴女性社会角色的出现,社会上各种反对声音和抵

---

① 鲁道夫·G.瓦格纳.进入全球想象图景:上海的《点石斋画报》[J].中国学术,2001(4).

制行动也汹涌而来,关于女性社会角色的合法性及其权利边界的争论和拉锯在晚清的上海拉开帷幕。展开这场持久而深刻的社会争论的主要场域就是报刊。这个过程不仅让社会大众重新认识和评价女性在社会关系网中的位置及社会价值,也让女性在这种互动中接受并适应社会对女性角色的期待及角色背后的行为规范。报刊不仅仅是社会舆论的记录者。实际上,不同类型的报刊对于女性角色及其社会实践的呈现有所差别,这种差别本身就代表了报刊对女性社会角色的认知和态度。因此,报刊对女性角色形象的呈现和建构对上述过程的影响是不可忽视的。

第四阶段,晚清女性通过报刊进行公共书写,并在报刊的中介下铺展了新的交往关系,"女界"得以初步形成。在城市这个充满陌生人的空间,女性须作为独立个体面对日常生活。出于合群的本能,晚清的上海女性开始寻求同性的帮助与扶持,并在这个过程中逐渐建立起以单一性别为依托的女性集体。女艺人、女工群体基本上代表了晚清这一时期上海大部分女性的社会关系和公共实践的状况。作为独立个体去谋生虽然让这部分女性从小家庭的血缘关系网络中解放出来,融入更大的社会网络,但关系网络的拓展仍是依赖日常生活中的具身交往实践。因此,社会交际和活动空间的有限性使这类女性群体的关系网络呈现出以血缘关系为核心,沿着地缘、业缘的关系线索向外有限拓展的特点。

同一时期,上海女学生群体的社会交际网络则呈现出与上述女性群体完全不同的特点,她们的交往关系已然超越了血缘、地缘的限制,开始初步呈现出公共关系的特征,甚至出现了组织架构清晰、明确的女性社会组织——女学会。晚清上海女学生关系网络的公共性特征得益于报刊的深度介入。报刊不仅推动了女学堂的组织和筹建,还招来了第一批女学生。可以说,基于学缘关系网络的晚清第一个女性社会组织,即中国女学会的成立和运作更是得益于报刊的"结群之效"。与上海地区的其他女性群体相比,女学生群体明显呈现出帕克所说的"次级群体"特征。这批跨越地域、超越血缘而聚集于学堂的女同学们,虽曾是陌生人,却在晚清集结成了联动最广、认同度最高,也是影响力最大的女性群体。其中,报刊的中介作用是不可忽视的。

与此同时,在女性的公共言说中,"女界"这一新名词也开始成为关键词,在呼吁女性参与公共实践的言说中频频出现。女界试图建构的是一种与男界平等、并立的类别性身份,但合理化"男女平等"的理由并不是从天赋人权理论推演而来的自然权利,而是通过将女界纳入民族国家框架,以承担义务和责任的方式来论证男女平等的合理性。具体而言,晚清女性言说中的"女界"是以女学关系为基础,以承担政治义务的方式自我赋权,以谋求在国家中之平等地位为目的。作为一种共同体想象,这样一个清晰、具体的女界凸显了女性公共实践的某些面向,同时也遮蔽了某些面向。实际上,在晚清公共言说领域中,被认为凝聚了女性共同体想象的"女界"一词,仅仅是这一时期精英女性试图自我言说并由此建构现代身份的一种投射,即一群由传统闺阁文化孕育的精英女性,借助现代传播技术,通过办报、写作和结社等方式,尝试建构新的两性关系,并在民族国家的框架下(而非家庭生活中)寻求女性定位。

显然,作为关键词的"女界"并不能囊括晚清女性群体实践和共同体认同的全部状况。报刊,特别是女报,在女界想象的形成过程中非常关键。报刊虽不能决定"谁在想象"或"想象什么",却决定了"谁的想象"能够进入公共领域。小部分精英女性的想象和期待正是通过报刊的"赋权",成为公众感受这个性别共同体的重要参照系。媒介是"组织化的材料"和"物质化的组织"的结合体,作为组织化材料的女报也离不开其背后的"物质化组织"——包括维持报刊运营的女学校、由女校师生们构成的信息生产者组织,以及与其他政论报刊的互动所形成的信息网络和发行网络。这种相互依赖的关系构成了一个并非完全开放的圈层,而处于这个女报圈层中的精英女性,相比于娼妓、女工、女佣等群体,拥有对报刊的优先接近权。报刊,特别是女报,赋予了部分来自精英阶层的女性以书写权和发言权。这部分女性倾向于从自身的境况为出发点来想象和建构女界,并通过报刊的可见性将自身的视野普遍化。

晚清妇女从内闱走向公共空间,从伦常道德的最晦暗处进入政治话语领域,并在大众的注视下掀起时尚审美及风尚礼仪的革命;在新的生活场景中拥有了除妻子、母亲、女儿之外的全新社会角色,谋求自养自立,并试图建构起有别于传统大家庭"差序格局"的现代公共交往关系。这些前所未见的情形都在报刊创造的可见中,在晚清女性不断的抗争与拉锯下,逐渐沉淀为能被大众接受并习惯的女性生活日常。至此,新世界的大门开始向女性群体敞开。

总体而言,报刊及其实践对于女性的"出走"是一个重要的助推力,但在具体的方面,晚清特定社会文化背景中不同的报刊实践又对女性解放的方式和方向有着规定性。政论报刊允许女性议题进入政治话语领域，但必须整合进国族建构的宏大命题，借助国族叙事的外包装来完成女性在话语领域的第一次重要亮相，而这一观察和言说女性问题的方式几乎绵延于整个近代历史。画报补充了政论报刊将女性生命经验单一化为政治问题的缺憾。而且，画报的报刊形式决定了内容偏好，它更加直接地介入女性生活，并由此成为女性进入现代化网络的重要节点。不过，囿于画报的媒介形式，它更多是推动了审美趣味、生活风尚等日常性变革，却并不在意女性的社会身份及女性进入公共场所具有的深刻意义。在大众商业报刊和女报中，女性被置于家庭以外的社会生活网络中，被塑造为独立经济个体或新国民。同时，不同报刊类型的权威性差别也在一定程度上造成了商业活动中职业女性价值的认可度相对较低，但女学生这一群体却被推上女权实践的前沿，成为新的女性典范。相比于女艺人、女佣、女工等群体，这一部分女学界的精英女性拥有对报刊的优先接近权，经由报刊的中介作用，在女学界最先建立起了具备现代公共性特征的、超越血缘、地缘的交际网络。同时，借助报刊特别是女报赋予的书写权和发言权，这部分精英女性倾向于以自身的境况为出发点来想象和建构一个单一性别的女性共同体，并成为女性群体的全权代言人。因此，报刊不可避免地在女界内部制造并掩盖了新的权力等级关系。

综上，报刊在晚清妇女解放这一过程中的作用既没有那么"大"，也没有那么"小"，因为没有哪一种报刊可以决定晚清女性解放的路径和面貌，是不同的报刊实践在女性生活的各个方面促动的具体变革，以及报刊实践与政治、经济、文化的深刻勾连，使晚清女性解放呈现出后世研究者所看到的历史面貌。但是,报刊的影响也并非媒介反映论呈现的那么"小":报刊本身对于晚清女性解放来说,是一种动力装置。在媒介实践的层面上,报刊作为一种媒介技术,不仅在更广的范围内传递了新知和思想,更在个体的生活经验、理解自我和他人的方式、交往方式、所处的社会网络位置,以及由媒介中介的交往关系形态等方面引发了深刻的变革。

笔者认为,报刊是一种不能被忽视的历史语境。因此,在将报刊视为一种史料时,研究者需要注意到它不仅是历史记载,它还是历史的一种"制作","寓含着其特性、时人与事件、与其他媒介的关系"。报刊好比米歇尔·福柯(Michel Foucault)眼中的"档案",即一种特殊的"陈述系统",它既是陈述自身,同时也规定着陈述①。

---

① 黄旦.作为媒介的史料[J].安徽大学学报(哲学社会科学版),2019(1).

主要参考文献

1. 专著

［1］爱汉者.东西洋考每月统记传［M］.黄时鉴,整理.北京:中华书局,1997.

［2］斯科特·麦奎尔.媒体城市［M］.邵文实,译.南京:江苏教育出版社,2013.

［3］本尼迪克特·安德森.想象的共同体:民族主义的起源与散布［M］.吴叡人,译.上海:上海人民出版社,2003.

［4］陈东原.中国妇女生活史［M］.上海:商务印书馆,1928.

［5］陈平原.左图右史与西学东渐——晚清画报研究［M］.北京:生活·读书·新知三联书店,2018.

［6］陈平原.点石斋画报选［M］.贵阳:贵州教育出版社,2000.

［7］陈顺馨,戴锦华.妇女、民族与女性主义［M］.北京:中央编译出版社,2004.

［8］陈映芳,水内俊雄,邓永成,等.直面当代城市:问题及方法［M］.上海:上海古籍出版社,2011.

［9］吴友如,等.点石斋画报·大可堂版:第1—15册［M］.上海:上海画报出版社,2001.

[10] 恩斯特·卡西尔.人论[M].甘阳,译.上海:上海译文出版社,2013.

[11] 西皮尔·克莱默尔.传媒、计算机、实在性:真实性表象和新传媒[M].孙和平,译.北京:中国社会科学出版社,2008.

[12] 马丁·海德格尔.技术的追问//吴国盛.技术哲学经典读本[M].孙周兴,译.上海:上海交通大学出版社,2008.

[13] 尼克拉斯·鲁曼.大众媒体的实在[M].胡育祥,陈逸淳,译.台北:左岸文化出版社,2006.

[14] 花之安.自西徂东:第五卷[M].广东:小书会真宝堂,1884.

[15] 杜芳琴,王政.中国历史中的妇女与性别[M].天津:天津人民出版社,2004.

[16] 丁守和.辛亥革命时期期刊介绍:第4集[M].北京:人民出版社.1982.

[17] 费孝通.乡土中国·生育制度[M].北京:北京大学出版社,1998.

[18] 费成康.中国租界史[M].上海:上海社会科学院出版社,1991.

[19] 冯尔康,常建华.清人社会生活[M].天津:天津人民出版社,1990.

[20] 方汉奇.中国新闻事业通史[M].北京:中国人民大学出版社,1999.

[21] 米歇尔·德·塞托.日常生活的实践[M].方琳琳,等译.南京:南京大学出版社,2009.

[22] 雷吉斯·德布雷.媒介学引论[M].刘文玲,译.北京:中国传媒大学出版社,2014.

[23] 顾长声.传教士与近代中国[M].上海:上海人民出版社,2004.

[24] 葛元煦,黄式权,池志澂.沪游杂记·淞南梦影录·沪游梦影[M].郑祖安,胡珠生,标点.上海:上海古籍出版社,1989.

[25] 顾炳权.上海洋场竹枝词[M].上海:上海书店出版社,1996.

[26] 戈公振.中国报学史[M].上海:上海书店出版社,2013.

[27] 吴友如.申江胜景图:卷下[M].扬州:广陵书社,2017.

[28] 黄时鉴.东西交流论坛:第2集[M].上海:上海文艺出版社,2001.

[29] 黄苇,夏林根.近代上海地区方志经济史料选辑[M].上海:上海人民出版社,1984.

[30] 王锡祺.小方壶斋舆地丛钞:第9秩[M].上海:上海著易堂,1891.

[31] 何大谬.女界泪[M].北京:京都书局,1908.

[32] 胡晓真.新理想、旧体例与不可思议社会:清末民初上海"传统派"文人与闺秀作家的转型现象[M].台北:"中研院"文哲所,2010.

[33] 胡远杰.福州路文化街[M].上海:文汇出版社,2001.

[34] 高罗佩.中国古代房内考:中国古代的性与社会[M].李零,郭晓惠,等译.上海:上海人民出版社,1990.

[35] 黄金麟.历史·身体·国家:近代中国的身体形成(1895—

1937)[M].北京:新星出版社,2006.

[36] 金天翮.女界钟[M].上海:上海古籍出版社.2003.

[37] 金一.自由血[M].上海:镜今书局,1904.

[38] 经元善.女学堂内董事接桂林魏恭人书[M].中女学集议初编,1898.

[39] 康南海自编年谱,戊戌变法:四[M].上海:神州国光社,1956.

[40] 马歇尔·麦克卢汉.理解媒介——论人的延伸[M].何道宽,译.北京:商务印书馆,2000.

[41] 戴维·克劳利,保罗·海尔.传播的历史:技术、文化和社会[M].5版.何道宽,董璐,王树国,译.北京:北京大学出版社,2011.

[42] 吕美颐,郑永福.中国妇女运动(1840—1921)[M].郑州:河南人民出版社,1990.

[43] 罗苏文.女性与近代中国社会[M].上海:上海人民出版社,1996.

[44] 罗苏文.近代上海:都市社会与生活[M].北京:中华书局,2006.

[45] 李又宁,张玉法.近代中国女权运动史料:上[M].台北:龙文出版社股份有限公司,1995.

[46] 马克·波斯特.信息方式:后结构主义与社会语境[M].范静哗,译.北京:商务印书馆,2000.

[47] 雷梦水,潘超,孙忠铨.中华竹枝词[M].北京:北京古籍出版社,1997.

[48] 李礼.转向大众:晚清报人的兴起与转变(1872—1912)

[M].北京：北京师范大学出版社,2017.
[49] 乐正.近代上海人社会心态[M].上海：上海人民出版社,1991.
[50] 刘人锋.中国妇女报刊史研究[M].北京：中国社会科学出版社,2012.
[51] 刘人鹏.近代中国女权论述：国族、翻译与性别政治[M].台北：学生书局,2000.
[52] 刘巨才.中国近代妇女运动史[M].北京：中国妇女出版社,1989.
[53] 刘宁元.中国女性史类编[M].北京：北京师范大学出版社,1999.
[54] 鲁迅.鲁迅选集：第2卷[M].海口：海南出版社,2013.
[55] 茅海建.从甲午到戊戌：康有为《我史》鉴注[M].北京：生活·读书·新知三联书店,2009.
[56] 孟悦,戴锦华.浮出历史地表[M].郑州：河南人民出版社,1989.
[57] 杜赞奇.从民族国家拯救历史——民族主义话语与中国现代史研究[M].王宪明,译.北京：社会科学文献出版社,2003.
[58] 海登·怀特.元史学：十九世纪欧洲的历史想像[M].陈新,译.南京：译林出版社,2004.
[59] 詹姆斯·凯瑞.作为文化的传播[M].丁未,译.北京：华夏出版社,2005.
[60] 兰登·温纳.自主性技术：作为政治思想主题的失控技术[M].杨海燕,译.北京：北京大学出版社,2014.

[61] 阿尔弗雷德·舒茨.社会世界的意义构成[M].游淙祺,译.北京:商务印书馆,2012.

[62] 约书亚·梅洛维茨.消失的地域:电子媒介对社会行为的影响.[M].肖志军,译.北京:清华大学出版社,2002.

[63] 托克维尔.论美国的民主:下卷[M].董果良,译.北京:商务印书馆,2003.

[64] 高彦颐.缠足:"金莲崇拜"盛极而衰的演变[M].苗延威,译.南京:江苏人民出版社,2009.

[65] 迈克尔·舒德森.好公民:美国公共生活史[M].郑一卉,译.北京:北京大学出版社,2014.

[66] 洪泽.上海研究论丛:第四辑[M].上海:上海社会科学院出版社,1989.

[67] 高彦颐.闺塾师:明末清初江南的才女文化[M].李志生,译.南京:江苏人民出版社,2005.

[68] 伊沛霞.内闱:宋代妇女的婚姻和生活[M].胡志宏,译.南京:江苏人民出版社,2022.

[69] 曼素恩.缀珍录:18世纪及其前后的中国妇女[M].定宜庄,颜宜葳,译.南京:江苏人民出版社,2022.

[70] 叶凯蒂.上海·爱:名妓、知识分子和娱乐文化(1850—1910)[M].杨可,译.北京:生活·读书·新知三联书店,2012.

[71] 叶凯蒂.晚清政治小说:一种世界性文学类型的迁移[M].杨可,译.北京:生活·读书·新知三联书店,2020.

[72] 余英时.士与中国文化[M].上海:上海人民出版社,1987.

[73] 强学报·时务报:第1—5册[M].北京:中华书局,1991.

[74] 李又宁,张玉法.近代中国女权运动史料:下册[M].台北:龙文出版社股份有限公司,1995.

[75] 沟口雄三.中国的公与私·公私[M].郑静,译.北京:生活·读书·新知三联书店,2011.

[76] 史和,姚福申,叶翠娣.中国近代报刊名录[M].福州:福建人民出版社,1991.

[77] 内田庆市,松浦章,沈国威.遐迩贯珍[M].上海:上海辞书出版社,2005.

[78] 孙毓棠.中国近代工业史资料:第二辑[M].北京:科学出版社,1957.

[79] 李长莉.晚清上海社会的变迁——生活与伦理的近代化[M].天津:天津人民出版社,2002.

[80] 王韬.淞滨琐话:卷十二[M].济南:齐鲁书社,2004.

[81] 汤传福,黄大明.纸上的火焰:1815—1915年的报界与国运[M].桂林:广西师范大学出版社,2013.

[82] 中国天足会.天足会第九年报告[R].上海:中国天足会,1906.

[83] 复旦大学新闻系新闻史教研室.中国新闻史文集[M].上海:上海人民出版社,1987.

[84] 田景昆,郑晓燕.中国近现代妇女报刊通览[M].北京:海洋出版社,1990.

[85] 环球社编辑部.图画日报:第1—6册[M].上海:上海古籍出版社,1999.

[86] 吴友如.吴友如画宝[M].北京:中国言实出版社,2017.

[87] 中国人民大学新闻系.中国近代报刊史参考资料:上册

[M].北京：中国人民大学新闻系,1979.

[88] 吴圳义.清末上海租界社会[M].台北：文史哲出版社,1978.

[89] 王书奴.中国娼妓史[M].上海：生活书店,1935.

[90] 王政.越界：跨文化女权实践[M].天津：天津人民出版社,2004.

[91] 王立新.美国传教士与晚清中国现代化：近代基督新教传教士在华社会、文化与教育活动研究[M].天津：天津人民出版社,1997.

[92] 王宇.女性新概念[M].北京：北京大学出版社,2007.

[93] 王风.世运推移与文章兴替：中国近代文学论集[M].北京：北京大学出版社,2015.

[94] 林乐知.万国公报：第1—60册[M].台北：华文书局,1968.

[95] 熊月之.上海通史：第1—6卷[M].上海：上海人民出版社,1999.

[96] 徐珂.清稗类钞：第11册[M].北京：中华书局,1986.

[97] 徐珂.清稗类钞：第10册[M].北京：中华书局,1986.

[98] 徐新吾.中国近代缫丝工业史[M].上海：上海人民出版社,1990.

[99] 徐载平,徐瑞芳.清末四十年申报史料[M].北京：新华出版社,1988.

[100] 薛毅.西方都市文化研究读本：第三卷[M].桂林：广西师范大学出版社,2008.

[101] 薛理勇.上海妓女史[M].香港：香港海峰出版社,1996.

[102] 夏晓虹.晚清女性与近代中国[M].北京：北京大学出版社,2004.

[103] 夏晓虹.晚清文人妇女观[M].北京：作家出版社,1995.

[104] 夏晓虹.晚清女子国民常识的建构[M].北京：北京大学出版社,2016.

[105] 奚从清.角色论——个人与社会的互动[M].杭州：浙江大学出版社,2010.

[106] 白馥兰.技术、性别、历史：重新审视帝制中国的大转型[M].吴秀杰,白岚玲,译.南京：江苏人民出版社,2017.

[107] 虞和平.经元善集[M].武汉：华中师范大学出版社,1988.

[108] 严复.严复集：第2册[M].北京：中华书局,1986.

[109] 杨剑利.女性与近代中国社会[M].北京：中国社会出版社,2007.

[110] 姚霏.空间、角色与权力：女性与上海城市空间研究（1843—1911）[M].上海：上海人民出版社,2010.

[111] 中华全国妇女联合会.中国妇女运动史：新民主主义时期[M].北京：春秋出版社,1989.

[112] 朱有瓛.中国近代学制史料：第2辑·下册[M].上海：华东师范大学出版社,1989.

[113] 朱邦兴,胡林阁,徐声.上海产业与上海职工[M].上海：上海人民出版社,1984.

[114] 张光直.中国青铜时代[M].北京：生活·读书·新知三联书店,2013.

[115] 张念.性别政治与国家：论中国妇女解放[M].北京：商

务印书馆.2014.

[116] 沈云龙.近代中国史料丛刊：第771册第17卷[M].台北：文海出版社,1979.

2. 期刊、报纸

[1] 本报告白[J].女学报,1898(8).

[2] 本报初次改良[J].续出女报.1902(8).

[3] 本馆告白[J].女学报,1898(1).

[4] 本报主笔[J].女学报,1898(1、8).

[5] 初我.女子世界颂词.[J]女子世界,1904(1).

[6] 楚南女子.中国女子之前途[J].女学报,1903(4).

[7] 陈宝良.明代中后期妇女解放思潮论纲[J].天府新论,1989(1).

[8] 陈平原.新闻与石印——《点石斋画报》之成立[J].开放时代,2000(7).

[9] 妇女社会之对付华工禁约[J].女子世界,1905(14).

[10] 黄旦.报刊是一种交往关系：再谈报纸的"迷思".[J]安徽大学学报（哲学社会科学版）,2012(6).

[11] 黄旦.媒介就是知识：中国现代报刊思想的源起[J].学术月刊,2011(12).

[12] 黄旦.耳目喉舌：旧知识与新交往——基于戊戌变法前后报刊的考察[J].学术月刊,2012(11).

[13] 黄旦."奇闻异事,罔不毕录"：上海"城"的移动——初期《申报》研究之二[J].学术月刊,2017(10).

[14] 蒋含平,李敏,王悦.城市风格与报刊姿态：五四时期北京《晨报副刊》与上海《觉悟》副刊妇女解放运动呈现比较

(1919—1920)[J].新闻大学,2018(5).

[15] 季威.告读书明理之女子[J].神州女报,1913(1).

[16] 柯惠铃.隳礼之教:清末画报的妇女图像——以1900年后出版的画报为主的讨论[J].南开学报(哲学社会科学版),2013(3).

[17] 李应红.中国华文女性期刊百年发展回顾[J].编辑之友,2009(3).

[18] 炼石.本报五大主义演说[J].中国新女界杂志,1907(3).

[19] 炼石.发刊词[J].中国新女界杂志,1907(1).

[20] 炼石.本报五大主义演说[J].中国新女界杂志,1907(2).

[21] 炼石.女权平议[J].中国新女界杂志,1907(1).

[22] 刘巨才.中国近代妇女报刊小史(1898—1918)[J].新闻研究资料,1986(2).

[23] 刘人锋.晚清女性关于女学的探讨——以第一份妇女报纸《女学报》为例[J].中华女子学院学报,2008(3).

[24] 罗岗.性别移动与上海流动空间的建构——从《海上花列传》中的"马车"谈开去[J]华东师范大学学报(哲学社会科学版),2003(1).

[25] 罗秀美.从闺阁女诗人到公共启蒙者:以近代女性报刊中的论说文为主要视域[J].兴大中文学报,2007(22).

[26] 女学会书塾开馆章程[J].女学报,1898(8—10).

[27] 女魂[J].女子世界(16—17).

[28] 潘光哲.《时务报》和它的读者[J].历史研究,2005(5).

[29] 潘璇.上海女学报缘起·第二节论本报为女学起见[J].女学报,1898(2).

［30］潘璇.论女学报难处和中外女子相助的理法［J］.女学报，1898（3）.

［31］潘璇.上海《女学报》缘起［J］.女学报，1898（1）.

［32］秋瑾.发刊辞［J］.中国女报，1907（2）.

［33］清池女史.女子亟宜自立论［J］.清议报（第七十六册），1901（4）.

［34］裙钗大会［J］.点石斋画报，1897（12）.

［35］秦燕春."十里洋场"的"民间娱乐"——近世上海的评弹演出及其后续发展［J］.民族艺术研究，2006（6）.

［36］秦方.从幽闭到出走——清末民初女性困顿-解放话语形成及实践［J］.妇女研究论丛，2017（4）.

［37］宋素红.简论中国妇女报刊的产生与发展（1898—1949）［J］.郑州大学学报（哲学社会科学版），2003（5）.

［38］社英.女子宜注重国文论［J］.神州女报，1913（2）.

［39］孙藜."版面"之物："媒介"想象中的超越与返归［J］.新闻记者，2018（12）.

［40］唐士哲.重构媒介？"中介"与"媒介化"概念爬梳［J］.新闻学研究，2014（10）.

［41］太后出游［J］.女学报，1898（3）.

［42］王青亦.国族革命背景下女性报刊出版景观——《中国新女界杂志》考略［J］.现代出版，2016（2）.

［43］王雪萍.论晚明士人的"尊女"观［J］.西南大学学报（社会科学版），2018（4）.

［44］熊月之.晚清上海：女权主义实践与理论［J］.学术月刊，2003（11）.

[45] 徐沛,周丹.供女性观看的女性形象——近代中国画报中的女性主体建构初探[J].西南民族大学学报(人文社会科学版),2017(11).

[46] 虞洽卿简论[J].历史研究,1981(3).

[47] 杨剑利.国家建构语境中的妇女解放——从历史到历史书写[J].近代史研究,2013(3).

[48] 叶晓青.点石斋画报中的上海平民文化[J].二十一世纪,创刊号.

[49] 亚特.论铸造国民母[J].女子世界,1904(7).

[50] 袁光锋."解放"与"翻身":政治话语的传播与观念的形成[J].新闻与传播研究,2013(5).

[51] 夏晓虹.晚清两份《女学报》的前世今生[J].现代中文学刊,2012(1).

[52] 夏晓虹.彭寄云女史小考[J].中国现代文学研究丛刊,2001(3).

[53] 薛绍徽.女学报序[J].女学报,1898(1).

[54] 薛绍徽.女教与治道相关说续第三期[J].女学报,1898(4).

[55] 杨剑利.国家建构语境中的妇女解放——从历史到历史书写[J].近代史研究,2013(3).

[56] 周巍.明末清初至20世纪30年代江南"女弹词"研究——以苏州、上海为中心[J]史林,2006(1).

[57] 周怡靓."大上海计划"中城市共同体想象的报刊建构——以《申报》为中心的考察[J].新闻大学,2019(6).

[58] 张之洞.张尚书不缠足会叙[J].知新报(第32册),1897.

[59] 张新璐.《女学报》的公共舆论空间与女性主体意识[J].新

闻与传播研究,2020(2).
[60] 蛰鸿.祝正俗报出版词[J].正俗画报,1909(7).
[61] 争约警闻[J].女子世界,1905(14).
[62] 中国女学堂内景图[J].女学报,1898(7).
[63] 安徽女界保存路矿会启[N].神州日报,1907-12-17.
[64] 抱拙子.劝戒缠足[N].万国公报,1882(10).
[65] 弊俗宜防其渐论[N].申报,1885-07-19.
[66] 本馆告白[N].申报,1872-04-30.
[67] 碧城女史论提倡女学之宗旨书后[N].大公报,1904-05-22.
[68] 蔡锷.军国民篇[N].新民丛报,1902-02-08.
[69] 春申浦竹枝词[N].申报,1874-10-17.
[70] 第六号画报出售[N].申报,1884-06-26.
[71] 点石斋启.一百四十七号画报出售[N].申报,1888-04-17.
[72] 邸报别于新报论[N].申报,1872-07-13.
[73] 蝶恋花·申江感事词[N].申报,1872-06-29.
[74] 调查上海租界年轻女子实数[N].时报,1907-06-29.
[75] 二人摸乳被枷[N].申报,1872-06-04.
[76] 恶俗宜亟禁说[N].申报,1885-12-04.
[77] 妇女不宜轻出闺门说[N].申报,1893-08-21.
[78] 扶阳抑阴辨[N].申报,1878-07-15.
[79] 古梅庵主.劝经纪人勿嫖说[N].申报,1877-03-30.
[80] 沪道查禁夜花园近闻[N].申报,1909-09-02.
[81] 汇录各埠女士筹拒美禁华工约[N].申报,1905-07-19.
[82] 花烟涉讼[N].申报,1872-05-09.

[83] 唤醒痴梦人.妓女无赖续闻[N].申报,1877-07-31.

[84] 江苏华亭县人持平叟.禁娼辩[N].申报,1872-06-10.

[85] 接女弹词小志[N].申报,1872-07-03.

[86] 妓馆小大姐论[N].申报,1876-11-13.

[87] 禁令宜相辅而行说[N].申报,1885-09-23.

[88] 机器缫丝说[N].申报,1882-02-05.

[89] 慷慨寄书[N].俄事警闻,1904-01-20.

[90] 刊头[N].时务报(第18册),1897-02-22.

[91] 梁启超.新民说·论尚武[N].新民丛报,1903-03-27.

[92] 棣华书屋.论女学[N].申报,1876-03-30.

[93] 论画报可以启蒙[N].申报,1895-08-29.

[94] 论服色宜正[N].申报,1894-03-16.

[95] 论服式不宜过于奢华[N].申报,1891-12-10.

[96] 论禁娼妓[N].申报,1876-06-27.

[97] 论虐待女婢[N].申报,1880-09-12.

[98] 论男女无耻[N].申报,1879-09-21.

[99] 论中国妇女之苦[N].申报,1880-02-27.

[100] 论妇女作工宜设善章[N].申报,1888-04-01.

[101] 论潘氏三孝女同志殉母事[N].申报,1878-07-25.

[102] 梁启超.论报馆有益于国事[N].时务报,1896-08-09.

[103] 买办与女工冲突[N].申报,1910-01-08.

[104] 宗孟女学校章程(第三次修订章程)[N].警钟日报,1904-09-09.

[105] 女弹词新咏[N].申报,1872-07-05.

[106] 女弹词小志[N].申报,1872-07-01.

[107] 女国民拒款公会公启[N].神州日报,1907-11-09.

[108] 女工不如男工说[N].申报,1894-06-23.

[109] 女学堂接友人书并闺秀诗[N].新闻报,1898-01-29.

[110] 女界保路会传单[N].神州日报,1907-11-04.

[111] 拟请禁女堂倌议[N].申报,1872-05-25.

[112] 劝妓女从良说[N].申报,1887-05-16.

[113] 曲中败类[N].申报,1877-07-11.

[114] 青楼竹枝词[N].申报,1878-02-08.

[115] 《日新画报》出版刊词[J].日新画报,1907(2).

[116] 说书女先生合传[N].申报,1872-06-22.

[117] 书朱陈氏愿归原夫案[N].申报,1883-08-07.

[118] 伤风化论[N].申报,1872-05-23.

[119] 申江新报缘起[N].申报,1872-05-06.

[120] 上海新设中国女学堂章程[N].时务报,1897-12-04.

[121] 上海创设中国女学堂记[J].万国公报(第125册),1899(6).

[122] 悟痴生.书论女学后[N].申报,1876-04-07.

[123] 续沪北竹枝词[N].申报,1872-05-18.

[124] 续办《女报》事例[N].时事采新汇选,1902-04-21.

[125] 永嘉祥.戒缠足论[N].万国公报,1898(11).

[126] 译英女士栗得尔来函.劝中国女子不宜缠足[N].时务报,1897-05-12.

[127] 洋场妇女出入烟馆茶楼说[N].申报,1885-01-09.

[128] 邑尊据禀严禁妇女入馆看戏告示[N].申报,1874-01-07.

[129] 冶游当知择地说[N].申报,1879-03-21.

[130] 洋泾竹枝词[N].申报,1872-07-19.

[131] 与众乐乐老人致本馆书[N].申报,1874-01-13.

[132] 延清女史钱丽侬.谨答吴门赴都宦客启[N].申报,1873-08-06.

[133] 因读女学堂诸女士诗率成四绝[N].新闻报(附张),1898-07-04.

[134] 医疫其方[N].大公报,1902-07-18.

[135] 再论女学[N].申报,1876-04-11.

[136] 尊闻阁主人.点石斋画报缘启[N].点石斋画报(第1号),1884-05-08.

[137] 张园集议[N].苏报,1903-05-01.

[138] 中外新闻[N]上海新报,1869-10-23.

[139] 中外之交以利合论[N].申报,1883-12-11.

[140] 中国女学拟增设报馆告白[N].时务日报,1898-05-25.

[141] 中国女学堂大会中西女客启[N].新闻报,1897-12-03.

3. 学位论文

[1] 高蓉.基于《点石斋画报》的晚清民间服饰与风俗研究[D].无锡:江南大学,2015.

[2] 胡天璧.《点石斋画报》"公共性"研究[D].北京:中央美术学院,2016.

[3] 李文健.《醒俗画报》及其性别意识研究[D].天津:南开大学,2009.

[4] 李谢莉.中国近现代妇女报刊研究(1898—1949)[D].成都:四川大学,2003.

[5] 李营菊.《点石斋画报》对晚清社会的图像叙事研究[D].重庆:西南大学,2016.

[6] 王爽.中国近代报刊与晚清戒缠足运动(1869—1907)研究[D].开封:河南大学,2015.

[7] 许慧琦."娜拉"在中国:新女性形象的塑造及其演变[D].台北:台湾政治大学,2003.

[8] 周晓玲.近代来华传教士报刊与中国女性观念启蒙[D].沈阳:辽宁大学,2011.

[9] 朱瑞月.《申报》反映下的上海社会变迁[D].台北:台湾师范大学,1990.

[10] 赵蓓红.近现代上海妇女报刊史(1898—1949)[D].上海:华东师范大学,2019.

[11] 曾繁花.晚清女性身体问题研究[D].广州:暨南大学,2011.

4. 英文参考文献

[1] Barbara Mittler. A Newspaper for China? Power, Identity, and Change in Shanghai's News Media, 1872–1912[M]. Cambridge: Harvard University Asia Center, 2004.

[2] D. Dayan. Conquering Visibility, Conferring Visibility: Visibility Seekers & Media Performance[J]. International Journal of Communication, 2013(7).

[3] Henrietta Harrison. The Making of the Republican Citizen: Political Ceremonies and Symbols in China, 1911–1929[M]. Oxford: Oxford University Press, 2000.

[4] Hao Chang. Liang Ch'i-ch'ao and Intellectual Transition in China, 1890–1907[M]. Cambridge: Harvard University Press, 1971.

[5] John B. Thompson. The Media and Modernity：A Social Theory of the Media[M]. CA：Stanford University Press, 1995.

[6] Doris Croissant, Catherine Yeh and Joshua S. Mostow. Performing"Nation"：Gender Politics in Literature, Theatre, and the Visual Arts of China and Japan, 1880-1940[M]. Leiden：Brill, 2008.

[7] Margaret E. Burton. The Education of Women in China[M]. New York：Fleming H. Revell Company, 1911.

[8] R. Park. Society[M]. New York：The Free Press, 1955.

[9] Tani E. Barlow. The Question of Women in Chinese Feminism[M]. Durham：Duke University Press, 2004.

[10] Angela Zito, Tani E. Barlow. Body, Subject and Power in China[M]. Chicago：University of Chicago Press, 1994.

[11] Joshua A. Fogel, Peter G. Zarrow. Imagining the People：Chinese Intellectuals and the Concept of Citizenship, 1890-1920[M]. New York：M. E. Sharpe, 1997.

[12] Natascha Vittinghoff. Readers, Publishers and Officials in the Contest for a Public Voice and the Rise of a Modern Press in Late Qing China (1860-1880)[J]. T'oung Pao, Second Series, 2015(87).

后　记

随着最后一章的落笔,这本探讨报刊与晚清妇女解放之间复杂关系的著作,也即将与读者见面。本书脱胎于我的博士学位论文,告别学生生涯三年后,我终于有机会修改、出版它,心中不免欣喜。在修订书稿的过程中,我再一次回望自己的撰写历程,关于本书的研究课题和我的学术生活,想说的有很多。

女性学者书写女性历史是非常顺理成章的,我曾在很多有关女性史的著作后记中读到这样的研究动机。诚然,这也是我选择这个研究课题最直接的原因——同为女性的生命经验的切近性。再加上我本身从事近代报刊史的研究,自然地,我的目光便投向了近代报刊与女性生活的交叉领域。

兴趣驱使我研究这个课题,但真正做起来,我却发现并不容易。要分析和还原晚清上海女性生活的转型过程是一个庞大且复杂的课题,我首先遇到的难题就是史料的收集和整理。所幸,近代妇女史这一研究领域不算冷门,此前已有不少学者为此付出心力,对散逸各处的史料进行了挖掘和编撰。因此,我在前期研究过程中得以借重不少相关研究成果。感谢中华全国妇女联合会妇女运动历史研究室编辑出版的资料集,以及罗苏文、李长莉、夏晓虹等学者的总论性著作,以及海外汉学家们的研究成果。他们的成果描画出了晚清女性生活及其演变的基本脉络,让我研究初期不至于在故纸堆中迷失方向。

然而,随着史料爬梳和文献阅读的深入,我开始思考更进一步的问题:我还能在近代妇女史研究这个领域挖掘出什么新的东西?相比20世纪50年代以来或漠视妇女史、或将妇女史"运动化"的史学研究,今天的学界着实已经前进了一大步:相关研究对妇女史的重视程度和多元化的研究路径都在不断地发现和丰富这一课题的价值与意义。在传统的妇女运动史研究中,我们可以看到近代妇女在民族国家大转型的洪流中争取人格独立和政治权利的基本过程;在妇女生活史研究中,不难发现宏大时代命题下那些细微但真实的女性生活的变革,如服饰、婚嫁、教育等方面;区域性的女性史研究则更进一步地呈现了不同地域、不同时期的女性生活状况的差异。学者们从各自的学术路径和经验出发,以不同的视角描摹近代女性的生活,试图还原、拼贴出近代女性生活的丰富面向。自然,这也是本书的研究目的——从我的研究视角出发,为仍在不断完善的近代妇女史贡献一块"拼图"。

前序研究尽管路径各异,共性却十分显著,即它们都非常倚重近代报刊这类史料。如夏晓虹教授所说,对于近代史学研究来说,最重要的史料就是报刊。报刊的特殊形制及内容生产的基本原则,使其最大程度地逼近社会情状的原生态。"作为晚清报界主体的民办报刊所代表的公众立场,也注定了其向民间社会倾斜的取向,并为之留下了相当忠实且详尽的记录。就此而言,经过作者或编者汰选的作家别集显得太干净,太多私人话语,因其已从色彩缤纷的生动背景中剥离出来;多半出自追述或传闻的野史笔记则存在记忆误差,夹杂个人恩怨,故也不尽可信。唯有精芜并存的报章所刊载的每一条消息、每一篇诗文,都成为在众声喧哗中存在的开放文本,从而带给阅读者立体回声的感受。上下追踪,左右逢源,报刊因此可以帮助后世的研究者跨越时间的限隔,重构并返回虚拟的现场,体贴早已远逝的社会、时代氛围。"这几乎已经成为史学研究的一种共识。我当然也十分认同报刊之于近代史研究的特殊性和重要性。但同时,作为一名专事近代报刊史的研究者,在我的学术视野中,除了"客观记录",报刊还有更多的价值可被挖掘。前序研究透过泛黄的旧报刊看到了女性生活的各种细节,而我的目光则停留在报刊的页面上。对报刊这一媒介本身的特别关注,源于我所学专业的学科视野。

黄旦教授在《报刊的历史与历史的报刊》一文中讨论过报刊史与其他历史研究的区别。这种区别似乎一目了然,那就是研究对象的不同:"报刊史专治报刊,其他历史研究则不是。"但即便如此,疑问仍在。报刊史固然以报刊为对象,但报刊并非报刊史的专利。从本书的研究领域来说,越来越多不同学科的学者在研究相关问题时同样会涉足报刊,如果"仅以研究对象为划分,报刊史的安身立命处所何在?若非,捍卫报刊史的依据又是什么?"

正如法国学者安德烈·奥德里库尔(André Haudricourt)所说:"表现一种科学特征的是观点,而不是研究对象。"这说明仅有一个研究对象是不够的,更重要的是这一对象对于报刊史意味着什么。历史是一种叙事,叙事必须有某种合法性主体的观念。以海登·怀特"元史学"的视野来审视报刊史,报刊应当是报刊史的合法主体和中心。这种认定与"把报刊作为报刊史的研究对象"在根本上是不同的。"前者是站在报刊的立场,以报刊的变化起伏以及与社会诸方面的关系来展示报刊的历史,让报刊自身说话,说与报刊自身相关的话;而其他学科历史学者研究报刊,则必然是带着他们自己学科的视野和立场,是出于解决自己本学科问题的目的,报刊只是因此而被选择的一种路径、一个对象,与他们使用其他资料、档案、文物等没有区别。"报刊史学者与其他学科研究报刊的学者之不同就在这里——"报刊史研究的是报刊的历史,其他学科学者研究的则是历史的报刊"。

从这样的学术视野出发,本书的路径和研究目标就十分明确了,即以报刊为主体,考察这一媒介在晚清如何与女性群体产生互动,以及这种互动如何改变了女性群体的境况和整体社会结构。如若单纯将报刊作为一种史料,考察的则是近代报刊中呈现和记录的有关晚清妇女解放的事实和过程。然而,这种视角的研究已经足够详尽了。

要考察报刊与晚清女性群体的互动,进一步需要界定的问题是"报刊是什么",因为报刊的性质决定了它与女性群体的互动方式。当然,这里所说的性质并非指政治报刊、商业报刊这种以内容偏向为标准的划分方式,而是以传播学的视野观之。报刊(作为一种媒介)是什么?对这个问题的思考真正确定了我的研究起点。如本书第一章讨论的,报刊在本书中是作为一种"中介技术"、一种"建构装置"被讨论的,而非传统报刊史研究惯常采用的"载体论"。从这样的起点出发,对于本书的研究课题来说是必要的:首先,报刊在本研究中的主体位置更为凸显;其次,在论述报刊与女性群体的互动关系时，女性群体得以从"被启蒙"的客体位置上转移到与技术相互建构的"行动者"的主体位置上。

这样的认识与我在过去的研究中对"媒介管道论"的反思有关。同时，白馥兰教授在技术史的框架下讨论晚清妇女生活转型的相关研究给我的启发也很大。白馥兰教授从性别的视角回顾技术史相关研究时发现："首先，技术通常被认为是一个男性的技能领域，只是最近才有女性主义历史学家成功地表明，如果将女性作为技术史中的关键性参与者来对待，将会为学术研究带来全新的价值。其次，男性与技术之间的关系往往被想当然地以为是一目了然的事情，直到最近才有技术研究学者开始去批判性地审视这一问题：特定的技术文化如何相应地塑造与之相应男性身份认同或者男性身份认同的不同样式。"回顾中国近代报刊史研究，这样的问题同样存在：女性只有在作为"听众"和"被启蒙者"这样的角色时，才会出现在报刊史的书写中，甚至在那些聚焦于女报的研究中也是如此。除了极少数女性报人，大众阶层的女性群体仿佛是游离在报刊实践之外的看客，她们与报刊的关系非常简单且明确：接收报纸中的信息，然后沿着预设的启蒙路径做出改变。除此之外，似乎再无其他模式。白馥兰教授极力主张对晚期中国的研究应该将性别和技术放在一起来分析，让"技术"在书写"女性的历史"时占据一席之地。同时，技术视角通过探寻性别主体性的物质性构成和人的行动，能提出一些从其他视角看来（如法律和社会史的视角）不那么明显的问题。受此启发，本书将报刊作为一种中介性技术物，用以考察报刊与女性（尤其是大众阶层女性）的互动，希望能从这样的视角揭示一些此前被忽略和被遮蔽的新内容。

如果本书是这个研究课题的"前台",那么以上对于研究历程的梳理则是"幕后"。呈现这些"幕后"的准备工作,一方面是对我的第一个系统性研究课题的回顾;另一方面也是一种提醒:每种研究都是"从特定的入射角度进入人类生活当中的",研究者采纳的视角与其个体经验、所受的学术训练和学术兴趣密切相关。或许随着研究的深入和经验的积累,我会对这个课题产生新的认识或进行某些修正,这篇后记则可为后续研究的不断完善提供必要的背景资料。

从2017年我对这个研究领域萌生关注开始,到2021年博士毕业完成博士论文的撰写,再到2024年的修改、完善、出版,整整过去了七年。用康德的话说,时间只是人类用于理解世界的一个工具,属于心理习惯而非客观实在。这七年里有我读书、写作和教书的微观生活,也有全球疫情、时代巨变的嘈杂背景音,无数片段于现在都凝成了一瞬间,化为一束斑驳陆离的光。只有在那些熟悉的地方、熟悉的人及熟悉的气味和声音重现时,这束光才会偶然闪过,提醒我这七年的真实存在。

回望这一瞬间,有太多我要感谢的人。

首先,要感谢我的恩师陈建云教授。我从硕士到博士,无论是进企业,还是入高校,陈老师都像父亲一样默默地支持我。对于学术研究,陈老师给了我完全的信任和自由成长的空间。陈老师温润如玉的谦谦儒士之风,也让时常陷入焦虑的我逐渐变得淡定和从容。史学研究是"板凳甘坐十年冷"的,陈老师一直在用行动告诉我,只有保持足够的定力,才能在漫长的职业生涯中获得真正的平和与满足。打败时间的办法不是与任何人赛跑,而是在自己的时间线上留下属于自己的印记。

其次，要感谢在读博期间给予我理论启发和学术训练的老师们，包括李良荣教授、黄旦教授、孙玮教授、陆晔教授、谢静教授等。作为一位刚踏入学术圈的新人，我非常庆幸遇到了他们。还要感谢黄瑚教授、朱春阳教授和周笑教授，他们在我博士论文的写作过程中提出了宝贵的修改意见。其中，我要特别感谢朱春阳教授。我在写作第一篇真正意义上的学术论文（《"大上海计划"中城市共同体想象的报刊建构——以〈申报〉为中心的考察》）的过程中得到了他耐心细致的指导，这对我学术研究中问题意识的养成和论证习惯的改善帮助很大。这篇论文也幸运地被人大复印报刊资料全文转载，还被收入"哲学社会科学主文献平台"，成为我"以学术为志业"的信心之源。

在博士毕业之后，我进入上海大学，在严三九教授门下从事博士后研究工作。感谢严老师给予我工作上的指导和极大的学术信任，让我可以放手做自己喜欢和擅长的研究，这让我感到无比幸运。同时，还要感谢严老师在拓展我研究视野方面的引导和帮助，让我跳出"舒适圈"，发现在智能传播、社会治理等领域展开探索研究的可能性。值得一提的是，在我博士论文毕业答辩时，严老师恰是答辩主席。在本书出版之际，严老师欣然允诺为小书作序，也算是这本书最完满的仪式。

还要感谢复旦大学出版社的王联合教授，给了这本小书面世的机会。感谢刘畅老师和朱安奇老师在编辑工作中付出的极大心力和精力，她们的细致和专业令人动容，也让这本书以更好的面貌与读者相遇。

在这个喧嚣的时代，学术之路是艰苦而孤独的。幸运的是，我身边总有能给我带来力量和幸福的老师、同学和朋友们。感谢我的博士辅导员郑雯教授,她的热情、高能量及无微不至的关心和照顾给了我向前走的力量;感谢我的同学兼学术搭档曾培伦博士,他的学术敏感和研究执行力令我敬佩,他面对压力时始终风轻云淡的态度也深深地感染了我;感谢我的挚友王潇、许可、徐姝雯,十五年的友谊让我在陌生城市的求学生活中始终感到安心和温暖。

感谢我的家人。我选择读博的勇气在很大程度上源自相阳博士的鼓励。相老师从事工学研究,虽然学科不同,但作为先我一步走上学术道路的人,他的经历于我而言展现了一条相对清晰的前路,在很多迷茫和焦虑的时刻,他的经验能给我提供一种心理上的可贵的确定性,他的理解和陪伴疏解了我的压力。感谢我的父母,他们在我辞去外企工作回到高校继续求学之路时充分尊重我的决定,给予我生活上、精神上的支持和照顾,他们是我最后的港湾。

最后,要感谢在研究过程与我相遇的,那些曾在近代中国的历史上鲜活地存在过的女性。那些走出内闱,走进公共领域,去工作,去学习,去争取权利,去观看世界,用自己的脚步一点一点拓宽女性生存空间的先辈们。女性在现代社会所能享受到的各种权益,都离不开她们迈出的第一步。谨以此书献给她们。

对于我的学术生涯而言,本书只是一个开始,它或许稚嫩,但充满可能。学术研究的过程无疑是艰难的,但,能将自己的热爱凝结成智识,没有比这更令人向往的事了。

图书在版编目(CIP)数据

走出内闱:报刊与晚清上海妇女解放:1840—1911/周怡靓著.--上海:复旦大学出版社,2024.11.
ISBN 978-7-309-17624-7
Ⅰ.G219.295.2;D442.9
中国国家版本馆 CIP 数据核字第 2024HX8017 号

走出内闱:报刊与晚清上海妇女解放(1840—1911)
周怡靓　著
责任编辑/刘　畅

复旦大学出版社有限公司出版发行
上海市国权路 579 号　邮编:200433
网址:fupnet@fudanpress.com　http://www.fudanpress.com
门市零售:86-21-65102580　团体订购:86-21-65104505
出版部电话:86-21-65642845
常熟市华顺印刷有限公司

开本 890 毫米×1240 毫米　1/32　印张 8.625　字数 186 千字
2024 年 11 月第 1 版
2024 年 11 月第 1 版第 1 次印刷

ISBN 978-7-309-17624-7/D·1202
定价:48.00 元

如有印装质量问题,请向复旦大学出版社有限公司出版部调换。
版权所有　　侵权必究